国語教育選書

JN032716

「感性的思考」と「論理的思考」を生かした

「ことばを磨き考え合う」授業づくり

益地憲一 監修

国語教育実践理論研究会 編著

明治図書

まえがき

　本書『「感性的思考」と「論理的思考」を生かした「ことばを磨き考え合う」授業づくり』は，「ことばを磨き考え合う」授業づくりを，「思考（力）」を切り口として研究・実践した成果をまとめたものである。「ことばを磨き考え合う」ことは，国語科教育の本質的なねらいにつながり，「思考（力）」を授業づくりの視点に据えることは能動的で問題解決的な，すなわち主体的な個の学びを生み出すことにつながる今日的課題である。

　「思考力」は，今回の学習指導要領改訂に伴い，国語科の「育成すべき資質・能力」として位置付けられた。以前からその重要性が指摘され，取りあげられてきたが，抽象的なとらえや活用の難しさなどから十分に検討実践されてきたとは言い難い。国語教育実践理論研究会（略称「KZR」）では，能力としての「思考力」ではなく，学習指導場面における具体的な作用としての「思考」に着目し，授業づくりにどのようにかかわり生かすことができるかを考えることとした。

　「思考」については「直観的思考」「創造的思考」「批判的思考」など，これまでも様々な名づけや考え方が示されているが，実践において扱いが煩雑になることを避け，国語科として最低必要と思われる二つの思考に集約して考えることとした。一つは既に周知の「論理的思考」であり，もう一つは，それと補完し合い，響き合う関係にある「感性的思考」である。前者は「考える」と表されることの多い「論理に則って行われる思考」であり，後者は「思う」と表されることの多い「感性に則って行われる思考」である。両者は，すでに述べたように互いに補完し合い，響き合う関係にある。従来「思考」はややもすれば「考える」に偏って扱われてきたように思われるが，今後はバランスのとれた位置付けが望まれる。

　「感性的思考」に眼を向けることで，これまで見過ごしてきた学習者の学習実態に気付いたり，授業に臨む学習者と教師の意識や視点のずれに気付いて教材研究が深まり，学習者主体の考え合う授業実現への見通しがもてた，

といった教師自身の報告も寄せられている。

　本書は，第1章「『ことばを磨き考え合う』授業づくりの理論と方法」と，第2章「『感性的思考』と『論理的思考』を生かした学習指導プラン」との2章仕立てである。第1章では，まず，「ことばを磨き考え合う」授業とその実現のための手立てと位置付けた「思考」についての基本的な考えを示した。続けて，「深い学び」の鍵として示されている「見方・考え方」に「感じ方」を加えることの有効性，「感性」・「感性的思考」の評価についての具体的提案，隣接領域としての日本語教育からの示唆，を取り上げ，いずれも踏み込んだ提案を示せたと考えている。

　第2章では，「話すこと・聞くこと」「書くこと」「読むこと（文学的文章）」「読むこと（説明的文章）」「語彙・語感・レトリック」の五つの領域に分けて，それぞれ工夫のされた実践例を載せている。タイトルを見るだけでも，興味を覚える実践や，新たに考えたくなる課題を示唆してくれるものが多い。各章末の四つのコラムも，授業づくりの大切な手がかりや視点を示してくれている。

　こうした実践を通した「思考」の具体例の提示は，これまで敬遠しがちであった「思考」を授業づくりにどのように生かし，学習者の主体的な学びの成立と学力形成に役立てることができるのかを考える手がかりとなるのではないだろうか。ぜひ「思考」という切り口から国語の授業を見つめ直してほしいと考えている。本書がそのことに少しでも役に立てば幸いである。

　2020年6月

国語教育実践理論研究会会長
益地憲一

目　次

第1章
「ことばを磨き考え合う」
授業づくりの理論と方法

コラム　Column

第2章

「感性的思考」と「論理的思考」を
生かした学習指導プラン

1 「話すこと・聞くこと」の学習指導プラン

2 「書くこと」の学習指導プラン

3 「読むこと」（文学的文章）の学習指導プラン

4 「読むこと」（説明的文章）の学習指導プラン

5 「語彙・語感・レトリック」の学習指導プラン

第 1 章

「ことばを磨き考え合う」
授業づくりの理論と方法

1

「ことばを磨き考え合う」授業をつくる

1 国語科の使命　ことばを磨き考え合う授業づくり

　「ことばを磨き考え合う」ことは，国語科学習指導の本質的なねらいである。国語科学習指導では，ことばそのものが学びの対象であり，学習者は豊かなことばの獲得とその運用によって，ものの見方や考え方，伝え方などを確かで豊かなものにしていくことが求められる。同時に，ことばによって思考する力をつけることも求められている。この言語能力の向上と思考力の育成という二つのことは密接に関連している。近年の研究では，思考したことがことばによって表現されるのではなく，ことばを操作できる範囲内で思考しているという知見も示されている[注1]。ことばが豊かなことが優れた思考・認識を生み出すのである。学習指導要領（平成29年告示）においても，「小学校低学年の学力差の大きな背景に語彙の量と質の違いがある」（中教審答申）として，語彙の拡充・深化をこれからの国語科教育の重要課題としている。これらの知見や課題を踏まえれば，語彙力の育成という視点からの授業づくりが重要になってくる。そして，ことばを単なる知識として増やすということだけではなく，そのことばを使って思考しながら思考力も高めていくことが求められる。ことばを磨くことが思考を促し，思考することでことばが磨かれるのである。学習の中でことばを実際に使いながら，ことばの仕組みや機能を具体的に考えたり，ことばの魅力や力を実感したりすることで磨いていく，そのような授業づくりをしていきたいと考えている。

2 ことばを磨く

　ことばを磨くというとき，誰にも通じる一般的なことばを学ぶという側面

と，その人ならではの個性的なことばを育てるという側面がある。つまり，ことばを磨くということは，語彙を増やし学習や生活の実際の場で正確かつ状況に応じて適切に使えるようになること，そして，ことばそのものについて認識を深めながら自分らしいことばで表現しようとする使い手を目指すことといえる。それは，学習者の学ぶ姿に置き換えてみると次のような姿である。

①　ことばに興味をもち，ことばを増やそうとする姿。

②　自分の伝えたいことを的確に表現することばをもち，相手や場，状況，文脈に応じて効果的にことばを使う姿。

③　自分ならではのことばや感じ方・考え方を問い直そうとする姿。

①については，どの発達段階の学習者でも，特に年小の学年では，一般的に使われ通じる規範的なことばを身に付け使えるようにすることが大切である。その土台があってこそ，さらにことばを磨いていくことができる。

②は，意味のよく似たことばから，そのときの感情や考えを表すのにぴったりする語句を選ぶこと、また状況や文脈に合う表現を選ぼうとすることである。古田（2018）は「しっくりくることばを見いだすことは，〈しっくりこない〉という違和感を頼りにしながら，言葉から言葉へ連想を広げ，言葉同士を比較していく」ことだという。また，その営みは，そのことばについての知識に支えられていると指摘する。例えば古田によれば，「彼は，あんなことで傷つくとは，やさしい奴だからな。」という場合，「やさしい」ということばの「繊細」という意味合いが前面に出た形で使っている。「やさしい」ということばはその奥に様々な意味（「繊細」「親切」「上品」「弱い」など）を内包しているが，例えば「繊細」が前面に出ていても，背後に複雑な意味合いを込めている場合が多い。その連想を巡らせるのがしっくりくることばを見いだす営みだという。(注2)

③に関して，藤井（1989）は，「自分の『感じ・思い』の出どころをもう一度自分自身の内面に向かって問い直すこと」の必要性を指摘している。友達のことばや考えと比較したりつきあわせたりして，「なぜそのように感じたか，考えたか，自分ならではの思いやことばか」を突き詰めることで，さ

らに掘り下げられた自身の思いやことばに気付くことができるのである。^(注3)

　このように，ことばを磨く学習においては思考することが同時に求められている。そして，学習の局面では，自分一人で磨き考えることから他者と共に考え合うことでことばを磨くことに展開していくことになる。「考える」だけではなく「考え合う」ことがどうしても必要になってくるのである。

　学習者が，具体的な言語経験を通じてことばを広げていけるようにしたい。さらに他者とのコミュニケーションの中で，ことばそのものの意味に限らないことばに込められた背景や思いに目を向け，考え合うような経験を積んでいけるように教師が働きかけていきたいと考える。

3 「感性的思考」への着眼

　ことばの学びが思考力に深く関連することは **1** でも述べたが，国語科教育で「思考」というとまず「論理的思考」が取り上げられる。論理的思考の役割やその育成の重要性は言うまでもないことである。同時に，創造性・ひらめきなどに通じる「感性的思考」も重要である。人間味のあるコミュニケーションや，思考が発動する際の駆動力として，また対象となる内容の本質を見抜くために「感性的思考」が重要なのである。両者をかかわらせていくことが学習の深まりと授業の充実につながると考える。なお，「感性的思考」に関しては，次節（pp.16-23）の内容を参照されたい。

　「感性的思考」を引き出し高めるには，教師の即時的で的確な働きかけが必要である。感性的思考は一瞬のひらめきや全体的・俯瞰的な把握として現れることが多く，その瞬間を見落とさずにとらえ，瞬時に対応することが求められるからである。また，学習者どうしの対話や交流も不可欠である。本研究テーマを「考える」ではなく「考え合う」としたのは，そのような相互交流的，対話的な学びを重視した授業を目指すゆえである。

　上記 **1** から **3** で述べてきたことは，学習指導要領（平成29年告示）国語科に求められている「言葉によるものの見方・考え方」を重視し，思考力・判

断力・表現力の育成を柱とする考え方とも合致するものである。さらに私たちは，感性的思考の重要性を提起し，「言葉によるものの見方・考え方」にとどまらず，「言葉によるものの見方・考え方・感じ方」を重視すべきだと考えている。

4 授業づくりのポイント

学習者のことばを磨きながら思考を活性化させ深い学びを生み出す授業づくりのために，どのようなことがポイントになるのであろうか。とりわけ感性的思考の育成をめざける指導のあり方を考え，授業づくりのポイントとして次の6つが挙げられる。授業の構成要素のうち，(1)は主に「教材」に，(2)は主に「学習者」に，それ以下は主に「教師」にかかわるものである。

(1) ことばを磨き，感性的思考を刺激する教材・教材研究

学習対象とする教材に，学習者のことばを磨き感性的思考を刺激するだけの力を備えていることが，授業づくりの前提として第一に重要な点である。言語表現面での特徴をとらえ，その教材から育成できる言語能力を踏まえておくことはいうまでもないことであり，形式や筋道に焦点を当てれば論理的思考の，主に内容面や質的なことに目を向ければ感性的思考の活性化につながることが多い。教材研究では，内容・形式両面で，学習者の感性に訴える点がどこか，それをどのように引き出し活性化させるか等の分析が必要になる。

(2) 経験・知識の必要性

しっくりくることばを見いだすのに知識が必要だと**2**で述べたが，学習者が感性的であれ論理的であれ思考するためには，経験や知識が必要である。思考の深まりが，経験や知識の多寡，深浅によって制限されることもあるだろう。例えば新録の木々が陽に照らされ風に揺れる様を見た経験のある者とない者では，詩に表現された情景や作者の弾む思いを感じ取るのに差が出るだろう。また，逆にそのような情景をことばで表現しようとするとき，「鮮やか」「まぶしい」「そよぐ」「萌える」等々，木々を見て感じたことにどのことばがフィットするか豊富な語彙があってこそ的確な表現につながる。逆

にもっていることばの豊富さが感性をゆさぶる面もあろう。さらに，語彙のみならず，レトリック上の工夫に関しても，知っていて使えるものになっていることが求められる。

(3)　自立的で相互尊重の学習環境

　授業では学習者の多様な気付きや意見が交差することが望まれるが，自らの気付きを臆することなく発していいことや，それが尊重され吟味されるべきだという風土，学習環境としての相互尊重の人間関係を大切にしたい。互いの発言に傾聴することが当たり前になっている文化，出された他の意見を尊重し生かそうとする姿勢を日頃から育てておくことが必要である。

(4)　交流によって他者の視点を得る・多様性を生かす

　ことばを磨くことも思考することも，他者との学び合いが深まりをもたらすことは既に述べたことである。自分でことばを選び表現を探しつつも，他者の表現から学ぶことができる。また，他者に読んでもらう，聞いてもらうことが相手をより意識した表現へと磨くこともできるだろう。相手からのリアクションを受けて自己の表現を相対化できるのである。

　異質で多様な見方，感じ方が交差することが，認識の深まりや思考の活性化をもたらす。「大造じいさんとガン」の学習で，ハヤブサに対峙する残雪を見て大造じいさんが銃を下ろしたのはなぜかを話し合った際，残雪の勇敢な姿に心を打たれたから，撃ったら卑怯だから，などと考える学習者が多い。「冬の間世話をしたおとりのガンを，残雪が助けようとしてくれているから撃てなかった」という意見が出て議論になった。生活を共にすることで愛着や絆が生まれるという経験に照らしての推論であろう。この発言についての是非はともかく，各々の見方や経験によって読みや気付きは多様になる。それが刺激し合ってさらに新たな読みを作り上げることにつながるのである。

　この多様性の尊重には，上記(3)の土台の上に日頃からの学級内の信頼関係の構築が不可欠である。

(5)　感じたこと・考えたことの可視化・書く

　論理的思考が分析的で筋の通った思考であるのに対し，感性的思考は，理

屈抜きで，思考過程は飛躍的な展開を遂げる傾向がある。[注4] 瞬時に生起する気付きを書き留めておくこと，それについて思索を促す記述を求めることが，思考の跡を学習者自身も教師もたどることを可能にする。そして，どのように可視化するかが教師の工夫のしどころである。ことばや文章で記しておく他に，図示，板書で見比べられるようにする等の可視化も有効である。例や比喩を示して考えさせるなど，元のテキストや話し合いの文脈にはなかったことをもち出して学習者の思考をゆさぶることも，考えの明瞭化，精緻化等に有効である。これも思考の可視化のための投げかけといえるだろう。

(6) 教師のアンテナ

　学習者の感性的思考を引き出すための前提として，教師が学習者の気付きや発言をキャッチできるか，またそれを生かせるかということも授業の展開に大きくかかわる。小学校１年の教材であった「夕日のしずく」（あまんきみこ作）に，きりんが足元のありの声を聞いたときの「どこからか小さなこがきこえてきた。」という地の文がある。かすかな声を聞いたきりんの立場に立って，どの子もひそひそ声でこの部分を音読していた。しかし，ある学習者が特大の声で読もうと提案した。ありの立場に立てばきりんに声を届けようとありったけの大声を出したはずだと気付いたのである。このような気付きを見落とさないようにしたい。教師のアンテナの高さと感度を上げることも求められているといえるのではないだろうか。

　宮原（2005）は，借り物やステレオタイプでない実感のこもった本音のことばを「自分のことば」[注5] といい，その重要性を力説している。「自分のことば」をもち思考を深める学習者を育てていきたいと考える。　　　　（阿部　藤子）

（注１）ウィトゲンシュタインらが提唱した「言語論的転回」である。
（注２）古田徹也（2018）『言葉の魂の哲学』講談社，p.124
（注３）藤井昭三（1989）『豊かな感性を育てる文学教材の指導』明治図書，p.16
（注４）益地憲一（2002）『国語科指導と評価の探究』溪水社
（注５）宮原浩二郎（2005）『論力の時代　言葉の魅力の社会学』勁草書房，pp.158-163

2

「感性的思考」と「論理的思考」を授業づくりに生かす

1 「ことばを磨き考え合う」授業づくりと思考

(1) 支え合うことばと思考

　ことばと思考は相互に支え合う関係にあり，切り離すことはできない。思考はことばによってなされ，ことばは思考によって豊かで確かなものへと磨かれていくからである。「ことばを磨き考え合う」授業づくりという視座に立てば思考が，「思考力」を育成するという視座からは「ことばを磨く」ことが，その実現のための手立てということができる。

(2) ことばの学習に生きる思考

　国語科教育に取り入れられてきた思考の種類は多い。「〜的思考」と表現される思考にかぎっても，創造的思考，概念的思考，分析的思考，収束的思考，拡散的思考，批判的思考，直観的思考など，すぐに挙げることができる。いずれも教育の中で見られる思考作用を表したものであり，学習者につけたい能力である。ただ，それらの出自は哲学や教育学，心理学など多岐であり，それぞれの思考の方向性やありよう，効果の特徴，依拠するものなどを表す「〜的」の部分を見ても統一的な基準は見いだせない。実践の場でそのときどきの必要に応じて取り上げられてきたこともあって，計画的な活用が図られてきたとはいい難い。しかし，それらすべてを関連付けて学習指導の中で位置付けることも困難である。ことばの能力を磨き高めることに中心的な働きをする思考を見定め，日常的にその作用を活性化させるように計画しながら，他の思考を臨機応変に取り入れていくことが現実的であろう。柱となり，中心的な働きをする思考は「論理的思考」と「感性的思考」だと考えている。

2 思考の役割

(1) 「思考」は「思う」と「考える」

　「思考」とは何であろうか。国語辞典などには，「考えること。また，その考え」や「課題を解決するための考えをめぐらすこと」，「冷静に論理をたどって考えること」などと説明されている。[注1]熟語としての「思考」は，成り立ちからいえば「思＋考」であり，字義からいえば「思う＋考える」となる。外来の概念の訳語として当てはめられた「思考」を二字の漢字に分解して，その意味を取り立てることには危惧も感じるが，この語がどのように受け止められてきたかを知る上では役に立つ。上記の説明からは，「思考」は「考える」の字義だけで理解されてきたということが分かる。

　現在，「思う」と「考える」とはどうとらえられているのだろうか。大野(1999)[注2]は二つの言葉の意味の重なりは大きいとした上で，「思う」は「一つのイメージが心の中にできあがっていて，それ一つが変わらずにあること」,「考える」は「胸の中の二つあるいは三つを比較して，これかあれか，こうしてああしてと選択し構成する」ことと説明している。違いは予めもつイメージを守るか，新たに考え作るかである。森田(1989)[注3]は，「思う」は「物事を分析的に眺めとらえる知的行為ではない」,「考える」は「あれこれと知性を巡らし頭脳の働きを展開させる行為」,「精神の思考過程を伴っている」と断言している。違いは知的行為か否かだという。

　以上から「思考（考える）」の要件を整理すれば，ⅰ頭脳を働かす，ⅱ判断のための時間をかける，ⅲ「あれかこれか」と「迷う」過程を経る，というようになろう。「思考」は二つの意味が内包されたことばでありながら，片方の意味だけが生かされている。背景には「理性」や「知性」などより「感性」を低く見る西洋哲学の影響などがあるように思われる。

(2) 「思う」の復権

　「思考」の「思」を大切にする見方もある。哲学者の大森(2015)[注4]は「思考」の概念の曖昧さが，「難問題を解こうと」「あれこれ苦慮するような

『考え事』が思考であるかのように思われる」原因であると指摘し「思考という熟語の中で『考』という字に過重な注意をはらい過ぎているように思う。もう一つの『思』の字にももっとウエイトをかけてみる方がよい」と述べている。「『思い』の主題は何でもよく」、「何かの形で思うこと，思い浮かべること」などであれば「すべて思考である」とも述べている。「思う（思い）」と表現される「思考」も積極的に取り上げてもよいということである。判断や認定など，「思う」と表現する形でその作用を表しているものも「思考」の対象となり得る。ゆるやかな「思考」のとらえで門戸を拡げ，抵抗感を和らげる「思う」の活用を心がけてもいいのではなかろうか。

3 授業づくりに活かす二つの思考

(1) 中心に据える「論理的思考」と「感性的思考」

　国語科教育の中心に位置付けられている「思考」は「論理的思考」である。「規則にしたがって正しくことばを使う」【論理B】[注5]（20・21頁参照）という属性が言語の教育としての国語科のねらいに直結し，その育成の重要性は繰り返し訴え続けられてきた。ただ，「論理的思考」だけを強調した結果，「思考（力）＝論理的思考（力）」ととらえ，他の「思考（力）」を十分い取り上げないといった問題も生じた。

　「論理的思考」に偏ることを防ぐ役割を期待されているのが「感性的思考」である。「問題を防ぐための思考」といえば消極的な位置付けのように感じられるだろうが，「論理的思考」の扱えない直観的側面や価値判断などを補い，ことばの温かさや思いなどを伝達することなどに欠かせない「思考」である。二つの「思考」は互いに担う役割と範囲とを補い合う関係である。紙幅の関係でそれぞれの属性や関連事項等を十分に説明することができないので，実践にあたっては20・21頁に掲載した「『感性的思考』と『論理的思考』の対照表」を参照してほしい。

(2) 「感性的思考」への着目と取り入れ

　益地（1993）[注6]は，国語学力を形成する柱の一つとして「感性的思考力」

を提案し，「論理的思考力」と相互補完の関係にある思考力として位置付けた。国語学力（能力）を認知領域と情意領域とに分けてとらえる考え方に基づいた提案であった。「論理的思考力」は「言葉によって理性的に受けとめ，客観的に価値付け，論理的に思考を磨くことにつながる能力」，「感性的思考力」は「言葉を通して心で主体的に受けとめ，価値付け，判断し，個性的な感性を磨いていくことにつながる能力」と位置付けた。本書ではその考え方を踏襲し，視点を能力としての「思考力」から作用・活動としての「思考」に移した。先に示した思考力のそれぞれの表現末の「能力」を「思考」と置き換えると二つの「思考」の説明になる。

　従来の，「思考」は知的作用であり，「感性」は理性や知性などより下位に位置付く感覚的認識や「感受性」と同じである，という考え方に立てば，「感性」と知的行為を表す「思考」が結び付くことには疑義が出されるであろう。しかし，「的」が「依拠する」「作用因とする」という意味を表す表現だとすれば，「感性的思考」は「感性に基づく思考」「感性に則って行われる思考」ということになり，結び付くことに不都合はない。その考えに倣えば，「論理的思考」も「論理に則って行われる思考」ということになる。二種類の「思考」はともに知的作用を伴い，バランスのとれた関係となる。

　二つの思考は補い合うだけでなく，往還や併用，合流などを繰り返しながら「学び」を進め，「思考」を充実させていくことになる。

4　「感性」と「感性的思考」

(1)　「感性」から考える「感性的思考」

　「感性」は，字義からは「感ずるはたらき」，哲学的な立場からは「外界の刺激に応じてなんらかの印象を感じ取る，その人の直観的な心の働き」のように説明される。いずれも感受能力としてとらえられている。

　美学の立場から佐々木（2010）[注7]は，字義の説明に使われている「感ずる」【感性H】の多義性を手がかりにして，「直接的知覚と区別すること」の必要性を示し，「感覚的な刺激がわたしのなかに引き起こす反響」が「感性」

G 対象・情報とのかかわり	同化（共感・反発等）してとらえる　対象そのものを受け止める　情意的	性質を知ろうとする　客体化してとらえる　対象を分析し、認知的発も）して受け止める。	人物や作者、対象と同化（反発も）して受け止めているか。
H 具体的行為	思う・感じる　はっと気付く　ひらめく	（根拠を踏まえて）考える・知る・分かる・理解する　疑問詞「何・なぜ・どんな」などの問い	上記の動作における学習者の傾向・特性をとらえる。
I 望ましい状態	敏感な・豊かな・みずみずしい・繊細な（感性）　簡潔で的を射た表現	的確な・筋の通った（思考）　必要十分な表現	（上記項目を観点として）目新しいか、その子らしいか、深いか、端的な表現か、等
J 主な類縁的能力および思考	想像力　発見（新しい経験）　鑑賞力　直感力　情緒・情操・感受性・感覚　直観的思考　創造的思考　拡散的思考	いわゆる思考（問題解決）力（内容、事実の確かめ）推理力　知性・悟性　分析的思考　平均（常識）的思考　収束的思考　問題解決的思考	（上記各能力とかかわらせた指導と評価）（例）想像力…経験等をもとに変形されたイメージをとらえているか。
K 言葉とのかかわり	感受したものを新たに個性的な言葉で定位する（姿を与える）→「言語感覚」が重要になってくる。	あらかじめ定められた決まりに従って言葉に当てはめる　非言語的側面なし	感受内容と定位された言葉とのずれを吟味しているか。非言語表現のとらえは？
L 多くみられる学習場面	導入部（初発の感想・発想）結末部（右の否定・肯定・深化など）	導入部　展開部	導入部と終末部のとらえの差異とその理由の把握は？

※原案は拙書『国語科指導と評価の探究』に掲載した「感性的思考力と論理的思考力を対比した表」（64・65頁）である

「感性的思考」と「論理的思考」の対照表（2020年2月16日改訂）

（益地作成）

項目	感性的思考	論理的思考	感性的思考の評価の観点例
A 認識の類別	感性による認識 価値の認識【見抜く】	理性による認識 概念的認識【見る】	外形でなく、本質を見抜いているか。
B 活用の基準	個人の精神的内面的な価値観等（直観による）【洞察・看破・内在する因果関係の把握】刺激に対する内的反響・独自・ありのまま	言語論理（演繹・帰納原理等による）【言語規範との照合・規範による説明・規範の補充】判断・分析・理解	自分の価値観に照らして受け止めているか。
C 思考のあり方	主体的・個人的思考（個性化を目指す）〈自分の目と言葉で、理屈抜きに〉「私はどう感じるか」という私の認識が求められる　脱固定化	客観的・普遍的思考（共同化を目指す）〈共通の目と言葉で、知識や言語規範や論理などを基に〉形式的な正誤等判断が求められる　「感ずる私」の排除	慣習的・常識的思考にとらわれていないか。自分の言葉でとらえようとしているか。
D 認識の対象	作品（表現）の内容的側面（意味・内容）　表現に込められたもの	作品（表現）の形式的側面（構成・叙述）　表現されているもの・こと・概念	作品や対象の本質に迫ろうとしているか。
E 対象のとらえ方	全体的（包括的）・巨視的・一括　情的把握　仏教【無分別智】	分析的（→関係付け↓→総合化）知的把握　仏教【分別智】	作品や対象を全体として受け止めているか。
F 思考の過程	段階不明瞭な思考過程　飛躍的な展開　「見える化」が難	明確な思考過程　着実な展開　「見える化」が易	ひらめきがあるか。

であると規定している。また，「意識された個々の記憶ではない」「身体化された記憶のはたらき」が「感性」であるとも述べている。「身体化された記憶」は経験や記憶の積み重ねであり，「習熟」や複雑な総合的判断を伴う「直観」【感性B】や，「情操」【感性J】などにつながるものである。

　こうした考えは，「感性的思考」を単なる「受容」のレベルにとどめず，それに伴う反応をも含む能動的作用であるとする考え方とも一致する。佐々木は「深度の深い反響（筆者注：身体化された記憶の反響が多いほど「深度が深い」）としての感性が，高度に知的であることに注意する必要がある」とも述べている。「直観」の特徴である利那性やあれこれと「迷わない」ようなことも，「習熟」の結果としての現象と見なせば，主体の内面で，「身体化された記憶」を創り出す数多い知識や経験が，それまでに数限りなく出会い，かかわり合いながら「迷い」や試行を繰り返してきたということができよう。そのように考えれば，「感性的思考」を知的ではないと切り捨てることは難しい。

(2)　「感性的思考」を位置付けた効果

　「感性的思考」の視点を取り入れ，「論理的思考」と対にすることで何がどのように変わったか，何を期待できるのかを項目的に書き出してみる。

ⅰ【授業】ややもすれば論理中心で無味乾燥になる恐れのある授業，「やらされる授業」が，個の「思い」やとらえを尊重することで学習者の「参加する授業」になる。「主体的な学び」の場に変わる。

ⅱ【学習者】自分の思いや受け止めを求められるので，学ぶことの自覚と責任感をもち，主体的に学ぼうとする。

ⅲ【教師】能力・資質の育成・保障について，二つの思考からのとらえと指導が可能になり，その質的（信頼性・妥当性等）向上が図れる。教材研究（対教材）についても同様。

Ⅳ【見方・考え方・感じ方】規則に則った確かなものの見方・考え方とともに，個性的でみずみずしい感じ方もできるようになる。また，使い分けもできるようになる。

Ⅴ【思考】平均的（常識的）な思考で満足せず，自分の体験をもとに思考

するようになるので，借り物でない思考・創造的思考が生まれやすい。

5　客観化を図る「感性的思考」

「感性的思考力は，単なる主観的感覚的なとらえをする能力ではない。個
性的なものの見方・考え方・感じ方を大切にしながら，主観的なものを見
直し，客観化を図ろうとする能力である。」

　これは，「感性的思考力」について研究を進める中で得た仮説である。^(注8)
「感性的思考（力）」は「思考（力）」と名乗る以上，知的な思考作用でなけ
ればならない。単なる主観的な思いつきを伝えたり受け止めたりするレベル
であれば，思考を深めることはもとより他者との交流も図れない。今後は，
直観・直知の認識である「感性」をいかに知的作用を通して伝えるか，哲学
者に評判が悪いという「私はどう感ずるか」を排除あるいは有用なものとし
て位置付けるか，といったことを実践を通して一層探っていくことが求めら
れるであろう。

（益地　憲一）

（注１）　引用辞書は前から『スーパー大辞林』『新明解国語辞典』第６版，三省堂
（注２）　大野晋（1999）『日本語練習帳』岩波新書，pp.4-7
（注３）　森田良行（2018）『思考をあらわす「基礎日本語辞典」』KADOKAWA，pp.14-17（初
　　　　　出は『基礎日本語辞典』1989）
（注４）　大森荘蔵（2015）『思考と論理』ちくま学芸文庫，p.14，pp.23-24（最初の刊行は1986）
（注５）　【論理Ｂ】は本文中に記された説明が，「『感性的思考』と『論理的思考』の対照表」
　　　　　pp.20-21のどの欄の内容にあたるかを明示するための符号である。例えば【論理Ｂ】は
　　　　　対照表中「論理的思考」の段の項目「Ｂ活用の基準」に記述されていることを示す。ア
　　　　　ルファベットだけのものは，「感性的思考」と「論理的思考」両方に関係する。以下同じ。
（注６）　益地憲一（1993）『国語科評価の実践的探究』渓水社
　　　　　国語学力を，Ａ情意能力（行動的態度能力，感性的思考力）とＢ認知能力（論理的思考
　　　　　力，知識・技能能力）からなるとする試案。
（注７）　佐々木健一（2010）『日本的感性』中公新書，pp.8-14
（注８）　益地憲一（2002）『国語科指導と評価の探究』渓水社，pp.63-64
　　　　　「感性的思考力」関する覚書の一つ。他に「感性的思考力は論理的思考力の活用の反復
　　　　　により習熟され，個々の学習者に個性的に習得された能力とみなす。」など。

3

「見方・考え方」と「感じ方」で
学びを深める

1 はじめに

　全校朝会で話した内容について，考えたこと，感じたことを高学年児童に
書いてもらい，通信として紹介している。児童は，メモを取るわけでなく，
一度聞いた内容について話し手が伝えたいことは何か聞き取り，心に残った
ことを自分なりのことばでまとめるが，各自の着目した視点や感じ方の違い
が表れ，興味深い。11月は次の詩を紹介し，児童が様々な感想をもった。

```
　　　　　　　　　　　　　　　　　　　　　　　　　　　大丈夫　　勇木　小四男

　　　　　　　　　　　　大丈夫、大丈夫
　　　　　　　　　　　　ただの遊びだから大丈夫
　　　　　　　　　　　　バレなければ大丈夫
　　　　　　　　　　　　ふざけてるだけだから大丈夫
　　　　　　　　　　　　言い訳すれば大丈夫

　　　　　　　　　　　　やられている方は大丈夫じゃ
　　　　　　　　　　　　ない
　　　　　　　　　　　　大丈夫に見えても
　　　　　　　　　　　　大丈夫じゃない
　　　　　　　　　　　　いじめに
　　　　　　　　　　　　大丈夫は一つも通ようしない

　　　『いじめっこ　いじめられっこ①』
　　　（谷川俊太郎と子どもたち・
　　　童話屋）より引用
```

A　「大丈夫」の詩を聞いて，なぜか心に来ました。「大丈夫」，その油断が
　この後，すごいことになるよ，という警告を出しているようにも聞こえま
　した。いろいろな意味に解釈ができました。
B　いじめを完全になくすためには，「いじめている人」「見ている人」の中
　の，「これくらいなら大丈夫」という気持ちを自らなくすお手伝いをして
　あげることが必要だと気付きました。いじめは本当に「大丈夫」なのか，
　考えさせられました。
C　「大丈夫に見えても大丈夫じゃない」というのが，心に刺さりました。

相手にふざけていやなことをして，相手が笑っていても，心の中ではいやな気持ちだったのかな，と思いました。

　児童Aの「なぜか心に来た」や，児童Cの「心に刺さりました」は，感性的思考をよく表している。これらの感想は，授業でことばを吟味し，視覚的にも内容を確かめながら書いたものではない。詩を耳で聞き，直感的にとらえたものをことばに表したものである。平易な詩だからでもあるが，その中で，児童は詩で伝えたい本質を見抜いている。益地は，「思考」という語は，「思う」と「考える」が合わさったものであり，「感性的思考」は「思う（感じる）」働きに通じ，「論理的思考」は「考える」働きに通じる思考だと述べている。(注) その考えに従えば，自らの目や耳を通して自分なりの感じ方（受け止め）をもつことは，創造的で，学びを深める動力となる「感性的思考」そのものといえよう。教師は，「感じる」働きの重要性にもっと着目する必要があるのではないだろうか。

2 国語科における「見方・考え方」とは

　国語科の目標は，言葉による見方・考え方を働かせ，言語活動を通して，国語で正確に理解し適切に表現する資質・能力を育成することである。

　言葉による見方・考え方については，小学校学習指導要領（平成29年告示）解説の指導計画作成上の配慮事項に，次の記述がある。

> 　国語科は，様々な事物，経験，思い，考え等をどのように言葉で理解し，どのように言葉で表現するか，という言葉を通じた理解や表現及びそこで用いられる言葉そのものを学習対象としている。言葉による見方・考え方を働かせるとは，児童が学習の中で，対象と言葉，言葉と言葉との関係を，言葉の意味，働き，使い方等に着目して捉えたり問い直したりして，言葉への自覚を高めることであると考えられる。
>
> 　　　　（波線部は見方，二重線部は考え方を表すもので小林による）

　「見方」と「考え方」の違いは，「見方」は視点であり，「考え方」は思考

の進め方や方向性を示していることである。無理に分ける必要はないが，使い分ける必要があるとすれば，「言葉に着目して言葉の働きを捉えるという国語科固有の視点を踏まえ，理解したり表現したりしながら自分の思いや考えを深めることが，『国語科ならではの思考の枠組み』」といった記述が参考になろう。（「国語ワーキンググループにおける取りまとめ（案）」平成28年5月）

　また，「思考力，判断力，表現力等」の目標は，思いや考えを伝え合う力を高め，思考力や想像力を養うこととあり，思考力は言葉を手掛かりに論理的に思考する力，想像力は豊かに想像する力と説明されている。学年の目標にはもう少し細かく，考える力や感じたり想像したりする力を養うこと，とあり，感じる力は考える力としての論理的思考力と同様に，豊かな国語能力を育むために大切な資質・能力として位置付けられている。

　学習指導要領（平成29年告示）における「言葉による見方・考え方」は，専ら論理的思考に関するもののようにとらえられるが，前述のワーキンググループの整理では，「①創造的思考とそれを支える論理的思考の側面，②感性・情緒の側面，③他者とのコミュニケーションの側面から言葉の働きを捉え，理解したり表現したりしながら自分の思いや考えを深めることが，国語科において育むべき『言葉に対する見方・考え方』」という捉えであった。より深い学びや創造的な学びを生み出すためには，限定された「見方・考え方」にとどまらず，「感性的思考」につながる「感じ方」に着目し，学習者の学びの中にあるそれを見いだし，これまでよりも意図的かつ明確に，学びに位置付けていくことが大切である。その具体例を「ごんぎつね」の事例で示してみる。

3　学習者の読みに表れた見方・考え方，感じ方

(1)　実践の概要　小学校4年「ごんぎつね」（平成15年実践）

　登場人物の気持ちの変化を，場面ごとの精読でなく物語の全体像の中でとらえる力を身に付けさせるため，「心情の転換点」を探しながら読み，一人

ひとりの感じ方の違いに気付かせることをねらいとした実践である。

【学習活動】（全9時間）

① 全文を読み，初発の感想（感じたこと・考えたこと，読み深めたいこと，工夫を感じる表現）を書く。

② 場面1を読み，ごんの気持ちが分かることばを見付け，「はじまりのごん」にキャッチフレーズを付ける。

③ 場面2～6を読み，ごんの気持ちが分かることばを見付け，ごんの気持ちの変わるところを考える。

④ ごんの気持ちが変わるところについて話し合い，感想をまとめる。

⑤ 6場面のごんと兵十の気持ちを選択して読み取る。「青いけむり～細く出ていました」の表すもの，受ける感じを考える。

⑥ 6場面のごんと兵十の気持ちを役割分担して交互に話し合う。「青いけむり」の表現，お話の終わり方について自分の考えをまとめる。

⑦ お話の終わり方と主題について話し合う。「青いけむり」のように，登場人物の気持ちが分かる効果的な表現を考える。

⑧⑨ ワークシートに読み取ったことをまとめ，掲示し感想を交流する。

　・一番好きなところと理由，読み終わってごんはこんなきつねです。

---

(2)　見方・考え方，感じ方で児童の読みに表れたもの

① 「はじまりのごん」のキャッチフレーズから見えたもの（第2時）

　第2時では，場面1で見られるごんの気持ちが分かることばを時系列で取り出し，自分なりのキャッチフレーズを付けた。次頁のA児の例を見ると，ごんの気持ちを表すことば同士を比較し，重み付けをした様子が伺える。その上で，「ひとりぼっち」と「いたずら小ぎつね」は切り離せないと判断し，ことばを選び出したのだろう。

　次頁の波線を付けた，「でも，ひとりぼっちでさみしいごん」は，いたずらをしても，寂しさが消えないごんの気持ちをよく感じ取っている。いたずらを「してしまう」の表現にも，いたずらをやめられない感じや兵十にしてしまったいたずらの取り返しのつかない感じが表れている。

　キャッチフレーズを付ける学習活動には，学習者の感じ方（感性的思考力）が大きく作用する。しかし，気持ちの分かることばに着目し，見方・考

え方を働かせ，「比較」「関係付け」「重み付け」といった論理的思考を行った
こと，キャッチフレーズの解説を自分なりの感じ方を生かして表現したこと
（感性的思考）で，浅い読みでないキャッチフレーズになったととらえられる。

【ごんの気持ちが分かる言葉】
・ひとりぼっちの小ぎつね
・いたずらばかりするごん
・雨がふり続き，外へ出られなかった
・雨が上がりほっとしたごん
・ちょいといたずらがしたくなった
・じれったくなって
・びっくりして飛び上がった
・一生けん命にげた

【始まりのごんはこんなきつねです】

ひとりぼっちのいたずら小ぎつね

　ひとりぼっちでいたずらばかりする
ごん。畑へ入っていもを掘り散らした
り，いろいろないたずらをするごん。
でも，ひとりぼっちでさみしいごん。
兵十にいたずらをしてしまうごん。

（波線部は小林による）

② 　ごんの気持ちが変わるところの話合いで見えたもの（第4時）

　2～6場面でごんの気持ちが分かることばを取り出した後，ごんの気持ち
が変わるところ（転換点）に◎を付けさせ，クラスで多かったものを板書し，
どのように変わったか違いを発表させた。児童は気持ちの転換点が以前のご
んとどう違うのか説明するために，最初のごんへ立ち戻り，何度も文章の比
較を行った。

　自分で転換点を見いだす学習は，感性的思考力の働きが大きいだろう。し
かし，クラスで多く選ばれた箇所を対象にしたことである程度の客観性があ
る。そして，第2時で学習した気持ちを表すことばの知識や「比較」「関係
付け」「重み付け」や「因果関係」などの論理的思考を使い，ごんの気持ち
の変化を浮かび上がらせた。ごんの大きな変化の一つ目に反省，二つ目に他
者（兵十）への共感が出され，最初のいわしの償いと次の栗を拾う償いとの
対比も出された。また，「村の人のことなど考えず身勝手に思ったことをし
ていたごんが，兵十の気持ちに共感し，人のことを考えるようになった。や
さしくなった，というか，心が広くなった（他者への意識の芽生え）」，と文
脈に照らして読み直し，互いの感じ方の細やかな違いを受け取りながら感性
的思考と論理的思考を繰り返し，ことばを吟味して変化を読み取っていった。

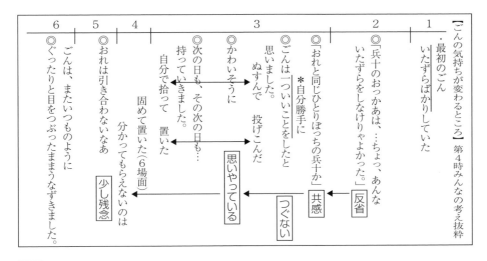

4 深い学びに向けて

　感じ方が大切なのは，説明的文章の読みの学習や話すこと・聞くこと，書くことなど表現の学習でも同じである。たとえば，説明的文章の読みの学習では，筆者の意見に共感するのか，疑問を感じるのか，などの感じ方の違いを読み深める動力にして，主張を支える根拠や事例，述べ方，内容等を吟味し，実感を伴った理解と自分なりの感想や考えがもてるようにしていく。また，表現において対象をとらえ，焦点化し，言語化していく中で，感じ方が不可欠な働きを果たしていることは疑う余地のないことである。

　論理的思考も感性的思考もどちらかに偏っていては，思考は深まらない。互いに往還し，一人ひとりの考え方や感じ方の違いを交流する中で，新たな考えが生成する瞬間がある。児童のどのような発言やつぶやき，表現を取り上げることで思考が深まるのか，刻々と変化する学習の流れの中で押さえどころを見抜き，深い学びを組織する力を向上させることが教師に求められている。児童の見方・考え方と同時に，感じる場面を大切に生かしながら，そうした深い学びを創っていきたい。

（小林　邦子）

(注)　益地憲一（2018）「『見抜く』感性的思考力と『見る』論理的思考力」KZR 研究紀要第26号

4

「感性的思考」の評価を拓く

1 「感性」・「感性的思考」の評価の現状と改善・改革の必要性

　「学習」は，「目標」の達成を目指して行われる。目標達成のために，事前・事中・事後に「評価」を適切に位置付け，得られた情報を，学習者と指導者にフィードバックすることも求められる。これは，自明のことであろう。しかし，「感性」や「感性的思考」の指導においては，評価は，その測定の難しさから，これまで適切に位置付けられてきたとは言い難い。そのような中で，梶田叡一の「シンプトム」(注1)の提起は，特筆すべきことであった。ただ，「思考力は向上目標」というとらえ方であったこともあり，具体的な評価の項目や観点，目指すべき到達点が示されることはなかった。そのため，向上目標は示されても，到達度の評価がなされないため，日常における形成的な評価として学習と指導に反映されることは少なかった。「PDCA サイクル」が機能していない状況にあったといってよい。

　「感性」・「感性的思考」を育む実践を前に進めるためには，このような評価を変えなければならない。「感性的思考」の評価にあたっては，「感性」の評価を含めて考えていく必要がある。

2 相対的な目・複眼的な目を大切にするとともに基礎的事項を押さえる

　「感性」は，個人差が大きい。その「感性」や「感性的思考」を評価するとなると，評価者の「感性」や「感性的思考」がまず問われることになる。「個人差がこれだけ大きいものを評価できるのか」，「子どもたちのほうが，教師より豊かで瑞々しい感性をもっていることも多いのではないか」…こんな声も聞こえてきそうである。このような考え方の問い直しから始めたい。

まず，「個人差」を認め，逆にそれを大切にし，生かし，伸ばすという発想をもちたい。優劣をつけるのではなく，個性を見付け，それぞれのよさを伸ばす，そのために「感性」・「感性的思考」を見とっていくのだ。教師が謙虚に子どもたちの「感性」に学ぶという姿勢も必要となる。

　昨今の評価においては，相対評価から絶対評価へという潮流があるが，発想を逆転させ，絶対評価が困難なら，相対評価を積極的に活用したい。「あの子は，他の子たちよりものの見方が細やかで，細部をよくとらえている」，「あの子は，他の子たちよりものごとを大づかみにとらえることができ，全体像の把握ができている」，例えばこのように他者と比較し，相対的な違いを見付け，その違いのもつよさを評価する。それを適切にフィードバックすれば，それぞれの学習者の「感性」・「感性的思考」の優れている面をさらに磨き，個性を伸ばせる。ここでは，長所が逆に短所にもなり得ることにも留意したいし，学習者自身にもそれを自覚させたい。例えば，細かなところに目が行きすぎると全体が見えなくなることがあるし，反対に，全体を大づかみにできても，細部の大切なところは見逃しがちになっていることもある。個人内評価としても活用することで学習者に自らの「感性」・「感性的思考」の傾向を自覚させ，さらなる成長につなげたい。このように，「感性」・「感性的思考」の評価にあたっては，「複眼的な評価」の実践を意識することも大切となろう。一つの見方だけで一方的に評価するのではなく，常に別の見方ができないかを問い直し，学習者の個性を伸ばし，未熟，未開拓な感性の育成や発掘を図る評価を心がけることが肝要である。

　「複眼的」であることは，自己評価や相互評価，外部からの評価をできるだけ取り入れ，偏った評価になることを避けることによっても求めたい。

　同時に，このような方向性を前提としつつも，どの学習者にも身に付けさせたい「感性」・「感性的思考」の基礎となるありようは，指導者として押さえておく必要がある。例えば慣習や常識にとらわれず自分の「感性」を大切にしてものごとを見る目をもつこと，出来合いのありきたりの言葉で済まそうとせず，感性を働かせて言葉を選ぶことなどである。これらの「感性」・

「感性的思考」の土台となる事柄を学習者の発達に即して目標に掲げ，評価を適切に位置付けて指導にあたることを疎かにしてはならない。個性を大切にしつつ，基礎をしっかり身に付けさせるための学習活動を系統的に位置付け，「PDCA サイクル」を機能させて「感性」・「感性的思考」を育てていくことが求められる。

3 「感性」・「感性的思考」を評価するための項目と評価の観点（試案）

　実際に授業の場で「感性」・「感性的思考」を評価するには，評価項目を洗い出し，評価の観点を定め，それを一覧できる表がほしい。これがあれば，教員のチェックリストや学習者が評価するための自己評価カード・相互評価カードを，表に基づいて作成できる。また，もとになる表を基盤にして学習指導計画を立てることで，発達を見通した系統的な学習指導が可能になる。次頁に示すのは，このような考え方に基づいて作成した一覧表である。

　表の作成に際して，まず拠り所としたのは，益地（2002）の「『感性的思考力』とそれに深く関わる『論理的思考力』を対比し，『感性的思考力の指導と評価』の具体例を示した」表[注2]である。さらに，これまでの評価研究，図画工作科（美術科）や音楽科などの他教科における評価も参照した。

　表は，評価対象をまず「1　理解における思考活動（表現のための理解行為及び表現途上の理解行為を含む）」と「2　表現における思考活動」に二分して示している。前者の項目は，「ア　対象の見方・とらえ方，視点・視野」と「イ　対象との向き合い方・かかわり方」に分けて評価の観点を定めた。評価の観点は，ア，イとも，点線より上の観点は，誰もがもつべき感性の有無や姿勢を問うもので，いわば基礎部分である。例えばアの点線より上の「①外面だけを見ず，相手の真意や本質をとらえようとしているか」という問いかけの答えとして望まれるのは「外面だけを見ず，相手の真意や本質をとらえようとしている」ことで方向や到達点は一つである。これに対して点線から下の「⑦対象を，直観的にとらえようとしているか，論理的・分析的にとらえようとしているか」という問いは，「直観的」，「論理的・分析的」

「感性」・「感性的思考」を評価するための項目と評価の観点（試案）

1 理解における思考活動（表現のための理解行為及び表現途上の理解行為を含む）

項目（基本の観点）	評価の観点
ア　対象の見方・とらえ方，視点・視野【知的受容か感性的受容か】	①外面だけを見ず，相手の真意や本質をとらえようとしているか。 ②慣習や常識にとらわれたり，他者に左右されたりしていないか。 ③対象への目の付け所に鋭さ（気付きにくい部分への着目・個性的なものの見方やとらえ方・深い洞察等）があるか。 ④自らの価値観や経験知に照らして，対象を受けとめているか。 ⑤知的な部分のみでなく，情的な部分も視野に入れているか。 ⑥自分の中で対象をイメージ化できているか。 ⑦対象を，直観的にとらえようとしているか，論理的・分析的にとらえようとしているか。 ⑧対象の見方・とらえ方は，俯瞰的か局所的か。 ⑨対象の見方・とらえ方は，共感的か批判的か。
イ　対象との向き合い方・かかわり方【対象への同化・客体化】	⑩対象を理解・受容しようとし，対象に主体的・能動的に向き合っているか。 ⑪理屈で理解できないものや混沌を受け入れようとしているか。 ⑫感性的な共感や反発を，論理に照らして考えようとしているか。 ⑬対象と同化しているか，対象から距離を置いているか。

2 表現における思考活動

項目	評価の観点
ア　言葉の選択・吟味【語彙】	①借り物の言葉やありきたりの言葉で済まそうとしていないか。 ②実感や経験の伴う言葉，適切と感じられる言葉を用いているか。 ③言葉は，表現内容や相手，その場の状況にぴったりくるか。 ④必要に応じて，自分らしさや個性，独自性等がある言葉を選んでいるか。
イ　表現方法，表現の様相【発想と表現とのかかわり】	⑤表現に実感が伴い，リアリティがあるか。 ⑥表現に，独自性やひらめき，ユニークさ，新しさ，豊かさや深さ，美しさ，瑞瑞しさ，手堅さ等があるか。 ⑦表現は，創造的なものになっているか。 ⑧表現は個別化を目指しているか，一般化を目指しているか。 ⑨表現の中に，共感や反発等の情意が含まれているか否か。
ウ　相手意識，相手への配慮，場面・状況の把握【通じ合い】	⑩相手の感情や思い，受け取り方をイメージして表現しているか。 ⑪相手の個性や経験，ものの見方・感じ方等に配慮しているか。 ⑫相手との感性的な同化やずれを意識できているか。 ⑬場の空気や状況とその変化を敏感にとらえているか。

のいずれかをよしとして問うているのではない。学習者の「対象の見方・とらえ方，視点・視野」のありようを他者とも比べながら見取ろうとするものである。理解の対象や目的を踏まえると，「直観的」であることが概して望ましい場合もあるし，「論理的・分析的」な目が求められることもある。その単元の学びが求める「感性」・「感性的思考」のあり方との合致度を問うための観点として用いることが求められよう。この観点はまた，学習者のものの見方の傾向をとらえ，欠けがちな部分を意識させることで今後の成長に生かすための指標とすることもできる。その場合は，観点に照らした個に応じた指導が求められる。このように，各項目の点線より下の部分は発展部分で，学習者の個性の出る観点であり，優劣ではなく傾向や深まりのプロセスを見とるために用いることを重視した観点である。

　「2　表現における思考活動」は，「ア　言葉の選択・吟味」，「イ　表現方法，表現の様相」，「ウ　相手意識，相手への配慮，場面・状況の把握」の三項目に分けて，評価の観点を示した。「イ　表現方法，表現の様相」の点線より下の部分が，「1」と同様の考え方で設定した発展部分の評価の観点である。また，観点の①〜⑫は，文字表現，音声表現の双方にかかわる観点であり，⑬は，音声表現にかかわりの深い観点である。

　この表を授業で自己評価等として活用する際は，学習者の実態や学習目標等に応じて項目や観点の焦点化を図るととも，具体的で平易な言葉に替えることも求められる。例えば，小学校の「やまなし」の授業では，1のアの⑦「対象を，直観的にとらえようとしているか，論理的・分析的にとらえようとしているか」を観点とした教師による形成的評価を位置付ける。難解なこのテクストをその学習者が直観的にまるごととらえようとしているのか，論理的・分析的に読み込もうとしているのかを見とり，「感性的思考」と「論理的思考」が絡み合う学びの場を設定するための一助にできればと考える。また，中学校の，奈良・興福寺の阿修羅像を題材に作文を書く授業では，1のイ⑬を平易な表現にした「像と一体化しているか，像を外から見ているか」を観点に，書いた作文の相互評価を行わせる。評価を通して，「私は」等

の一人称を用いた表現と「その像は」等の三人称視点の表現を比較・検討させながら，視点や語りについて学ばせつつ，「感性」及び「論理」に照らしたより効果的な表現を求めさせることができよう。このように，網羅的な一覧表を基盤に，焦点を絞った評価を授業の中に適切に位置付けられればと考える。

4 「感性」の復権とその手立てとしての評価

　「思考力・判断力・表現力」の育成を掲げる学習指導要領や，大学入試改革の方向性に象徴されるように，思考力の育成は，喫緊の課題である。「論理的思考力」育成を謳う授業実践も多く世に出されつつある。その一方で，「感性」にかかわる指導と評価に目が向けられることは今も多いとはいえない。

　夏目漱石（1907）は，「文学的内容の形式」を「Ｆ＋ｆ」という数式で表し，「Ｆは焦点的印象又は観念を意味し，ｆはこれに附着する情緒を意味す」とした。[注3]「ｆ」の提示は，文学における感性的要素の重要性の指摘である。また，西尾実（1951）は，コミュニケーションを「通じあい」と訳した。[注4]人と人とが通じ合うためには，論理的な理解だけではなく，感性的な共感や納得が求められる。西尾は，コミュニケーションにおける「感性」の重要性に着目していたのである。文学テクストの豊かで底深い解釈と鑑賞にも，円滑で実り多い音声言語コミュニケーションにも，「感性」・「感性的思考」が密接にかかわる。これらを育むための学習指導を前に進めるために，評価を機能させ，国語科における「感性の復権」を図ることが，今，求められている。

　なお，本稿は，益地憲一，阿部藤子，萩中奈穂美，植西浩一の討議（2019.12.21於・東京）及びメールによる意見交換によって進めた共同研究を通して得た知見を，植西が集約しまとめたものである。　　　　　（植西　浩一）

（注1）梶田叡一（1983）『教育評価 第2版』有斐閣，p.81, pp.182-183
（注2）益地憲一（2002）『国語科指導と評価の探究』渓水社，pp.64-65
（注3）夏目漱石（1907）『文学論』大倉書店（引用は『定本漱石全集』第14巻，2017, 岩波書店，p.27）
（注4）西尾実（1951）『国語教育学の構想』筑摩書房（引用は，『西尾実国語教育全集』第4巻，1975, 教育出版，pp.43-44）

5

日本語教育から学ぶ
―ことばをもとにイメージ化を図る指導技術

1 感性的思考とスキーマ

(1) 問題の所在

　留学生や外国人労働者の受け入れ拡大による急激な国際化の進展は，公立小・中学校に日本語習得の環境が整わない状況で来日する児童・生徒の急増を予見するものである。そのことは，指導者にとって教科書以前の問題として，教科書に書いてあることばがどの程度理解できるのか，意味理解ができていることばでもその情景や状況等イメージ化がどの程度できているのかという国語科教育の根源にかかわる課題を意味するものでもあるととらえている。

(2) 感性的思考とスキーマ

　感性的思考と直結するイメージ化の機能を働かせるためには，前提としてスキーマという概念を押さえておく必要があるととらえている。(注)

　筆者は，近年日本語教育へのかかわりをもつ中で，国語科教育の指導法を見つめ直す機会を得るようになった。第二言語としての「日本語」習得を行っている学習者にとっては，日本語が母語話者である学習者が前提としてもっていることばの意味や背景等の認識をもっていないことに強く気付かされる。例えば海にかかわる波の表現やそこに住む生物などの地理的要因にかかわることばであったり，くぐる，渡る，通るという動作を表すことばの差異であったり，敬語という日本文化が生み出した待遇表現であったりする。

　もちろん，海や雪を直接見ることがない学習者には，海や雪の詩のイメージ化はできにくいし，動詞の違いが分からなければ動作の具体的なイメージがわからない，あるいは違った認識となる。「お渡しになる」「渡していただきました」の待遇表現の違いが分からなければ，主語の省略されている文では

「誰が」「○○した」等の誰がを読み違ってしまう。つまり，イメージ化のできにくい状況の中では感性的思考は働きようがないのである。

　日本語教育の場合，日本語習得の最初は「絵カード」を多用するが，記号である文字言語と絵との組み合わせにより，学習者に「海」ならば「海」というイメージ化ができるようにつなぎ，認識へと運ぶのである。低学年の国語教科書の挿絵に占める割合の大きさや，学習モデルが必要となるのもこのスキーマを活性化させるための手立てであるととらえるものである。

(3)　スキーマを活性化させる学習環境の設定

①　大学生・専門学校生への実践指導を通して必要とした指導技術

　日本語教育入門期のN5レベルとは，基本的な日本語をある程度理解することができる初歩段階を意味する学力を示す。このレベルでは，かなり丁寧な指導が必要である。

　以下に日本語学習者にとってスキーマの活性化を支える学習環境としての基本的な要件10項目を気付きとして示したい。

　　1)　読めないという前提での学習材の準備
　　　　―漢字，漢数字，数字，片仮名へのふりがな打ち
　　2)　学習目標の明示―「can do」その時間で何ができ，分かるか
　　3)　短いフレーズでゆったりした語りかけや指示
　　4)　語彙の説明は時には身振りによる語りかけや指示
　　5)　重文・複文を避け，単文での明快な提示
　　6)　具体的な例えを示す
　　7)　視覚化―レアリア（実物）の持ち込み，絵，写真，ビデオなど皮膚感覚，身体表現を使った直感・感覚重視によることば指導
　　8)　翻訳機等可能であれば母語での言い換えによることばの理解を図る
　　9)　機能的な場面設定での学習活動を通したことばの指導
　　10)　他の教科学習との連携を通したことばの指導

　上記は，全体として機能してスキーマの活性化に繋ぐととらえている。それぞれは，「学習材の準備」―1)，「学力の構造化と細分化」―2)，「指導者

の発話技術」―3)~6)，「イメージ化を図るための視覚化」―7)，「学習者に寄り添う道具」―8)，「機能的な学習の場」―9)10)，という学習者，学習材，学力観，指導者，場にかかわる要件である。

　単語が分からなければ，詩や文学のイメージ化などはほど遠いという現実がある。学習者にとっては，第二言語の習得は土台となる「母語」の上に「日本語」という「接ぎ木」を行う形となる。日本語入門期の指導は日本語が外国語であり，「分からない」という前提での指導技術が要求される。

　以上，日本語教育の視点から国語科教育をとらえ直すと，感性的思考が働くためには，その入口に立てるようにスキーマを活性化させる手立てが必要であると判断するものである。一方，これらは国語科教育の入門期や発達遅進児，学習につまずいている児童への指導法と直結する指導技術でもあると考える。つまり，ことばの学習指導の原点として共通する指導技術・指導法ではないかと考える。

2　作文事例から見えてくる感性的思考・論理的思考の関係性

　以下の事例を通して二つの思考力の関係性について考えていきたい。

事例　「わたしの母」（課題作文※学習指導のない状況での記述）

> 　私の母はじぶんのためかみさまのおなじです。私の母で私がうまれたときから今まで私のせいかつのためにたすけてくれたいつも，私の母は私のいちばんいいせんせいもだから私じぶんの母にとてもあいしてる。今私は日本にいます
> 　だからときどきしんぱいされる。　　　　　　　（アジア　20代男性　N2相当）

(1)　感性的思考―この事例では，題を通して母を思い起こし，母の姿を映し出そうとしている。題から，離れて暮らす母を思い起こし，短文の中で自身と母との関係を直截的に表現している。「かみさまのおなじ」という表現に「母」への思慕，敬愛の念がにじみ出ているととらえられる。

⑵　論理的思考—この事例では主述の呼応，助詞の適用，修飾語の運用力に課題がみられる。すなわち，一文を構成するための「論理的思考力」が及んでいない事例ととらえられる。

⑶　感性的思考の先行性—上記「わたしの母」の事例では，感性的思考力が先行すると判断する。一文の構成力の未習熟を補って書き手の思いが伝わるのは，母への思いの強さであると判断する。

3　作文における「感性的思考」の先行性

　では，感性的思考と論理的思考との関係をどうとらえるかという次なる課題が生じてくる。上記の事実に対して筆者は作文の領域から次のようにとらえている。感性的思考を直截的に述べれば，「思い」が核である。その「思い」を具体化，具現化するためのサポート役が「形式」であり，論理的思考である。まずは「思い」が先行して「主」であるのに対し，「形式」は従である。

　卑近な例をとれば，使用している平均的なパソコンは文脈批正や，誤字といった批正を自動的に行ってくれる。それは，形式が技術的側面をもつからであり，技術的な側面は AI がさらに進化して人間の思考操作にとって替わる時代も近いと考える。残るのは何か。「会いたい」，「語りたい」，「伝えたい」，「記録に残したい」，「まとめたい」，「美しい」，「すがすがしい」，等々の人間の願いや思いといった「感性的思考」であると考える。これは，戦後のコミュニュケーション作文がたどった道のりと重なるが，「発想」から「構想」段階の思考操作の重視を改めて考え直したい。その意味で先達の研究業績に再度光を当て，今日の時代に即応する作文教育の指導法を考える時機を迎えている。ポーランドの大学でのスピーチ指導の事例があるが，紙幅の関係でここでは省略する。

（宝代地　まり子）

（注）　西林克彦（2005）『わかったつもり：読解力がつかない本当の原因』光文社新書で西林は，「あることがらに関する，私たちの中に既に存在しているひとまとまりの知識を，心理学，特に認知心理学では『スキーマ』と呼びます。」（p.47）と説明している。

「新学習指導要領」のここに注目

　ここでいう「新学習指導要領」とは，平成29年告示の学習指導要領であり，平成28年12月21日に中央教育審議会が，中教審第197号として答申した内容（以下「答申」）を踏まえて改訂されたものである。この「新学習指導要領」は，「答申」の第2章「2030年の社会と子供たちの未来」を想定している。それは，第4次産業革命，ＡＩ，Society5.0等になるだろう。

　また，平成31（2019）年4月に発表された経済同友会による「自ら学ぶ力を育てる初等・中等教育の実現に向けて」では小学校高学年から年齢主義による義務教育制度を習得主義へ変革するべきだと主張している。さらに，中教審では，新しい時代の初等中等教育の在り方特別部会が協議している「新しい時代を見据えた学校教育の姿」には，個別最適化された学びや小学校高学年からの教科担任制導入が提起されている。以上のような中景や遠景の景色を踏まえて，近景である「新学習指導要領」を見ていく必要がある。

　その上で，どこに注目するか。敢えて1点に絞るならば「見方・考え方」ではないだろうか。「答申」ではジェネリックスキルについても言及しているが，要は，子どもたちに物事をとらえる視点や考え方を鍛えるための授業を我々教師が仕組むことを，より一層求めたのが「新学習指導要領」だといえるだろう。つまり，授業の中で「見方・考え方」が子どもの頭の中で機能するように授業を改善していく必要がある。「見方・考え方の能力」を身に付けさせるという授業改善への指向ではなく，国語科の授業の中で，言葉への見方や言葉についての考え方，言葉による考え方を子どもたちにさせるように意図的に仕掛ける授業をしようということである。

　このとき，子どもたちがアプローチするときの手立てとしては，論理的思考が昨今は重視されているが，本書を見ていただければお分かりのとおり，感性的思考からのアプローチも「あり」だということを念頭に置いて，改めて「新学習指導要領」と「答申」を読んでみてほしい。　　　　　　（桑原　辰夫）

ICT 導入 Society5.0時代と思考力育成

　IoT，Society5.0という言葉が当たり前となり，この言葉が示す世の中の基盤は，世界中約80億人がスマホでつながり，文字や音声言語だけでなく，静止画や動画を自由に使って双方向のやりとりを行える環境である。

　この素晴らしい環境を使って，目の前に展開する「出来事・喜怒哀楽etc.」を世界中の人々が伝え合おうとすることがインターネット上に溢れ，そこに多くのビジネスも生まれ，やがて主流になるとさえいわれている。

　このような時代の思考力を，国語科でどう育んでいけばよいのだろうか。

　私は，国語科の目標を「言葉を元に情報を見いだし，言語活動を通して他者と共有することを目指す」ととらえている。言葉から広がる情報は一人ひとり多様である。それを出し合い，得られる情報を言葉だけでなく，映像や音声など様々なものに置き換え，思考しながら交流し共有することが国語教室の醍醐味ではないか。国語教室で活発に行われる情報のやりとりの中で，「どうしてそう考えるの？」「なるほどそういう体験からか」「そんな見方もあるか」と違いを理解し共有し，「この場合は，この考えでいこう」と違いを踏まえた上で価値を見定めていく活動が，Society5.0時代の思考にきっと役立ってくるであろう。たとえば，世界中に「水」という言葉を発信したとき，居住地域や民族間で受け取り方に相当な違いがあり，発信するとき，その後のやりとりに，国語教室の言葉を元にした情報交流が生きてくるであろう。

　さらに私は，国語教室で活発な話し合いをする子どもたちを，ICT を使って教室の外と繋げ，図表，画像，動画，他者の考え等の情報に触れさせ，理解と共有がさらに深まるという感覚を味わわせたい。それを通して，相手が発する言葉の真意は何か，自分が発した言葉はどう解釈されているかを常に意識化させていきたい。日本語を母語に世界の言語と情報交換し，新しい価値を産出する Society5.0時代の思考力は，こうやって育まれると思う。

（梅津　健志）

これから始める思考指導　若手のはじめの一歩

　「考え方」を育てるというがその「考え方」には二つの意味があると考える。

　一つは問いに対して考える方法を使って自分の考えをどう組み立てたかという「組み立て方や組み立てた考えそのもの」のこと。もう一つは「考える方法」のことである。（自分の考えを組み立てるときに感性的思考も働くと考える。論理的な「考える方法」を駆使しながら考えを組み立てていくのだが，より価値の高いものを追求する中でどちらを選択するか，何を根拠とするかなどの段階で感性的思考が発揮されるのではないだろうか。）

　「考える方法」の指導は，系統的に計画的に意図的に行う必要がある。一般的に，比べる，たどる，分ける，つなげるなどと言われるものである。例えば「前に学習した○○と比べてみるとこの△△は？」という問いと「△△についてどう思うか？」ではどちらが考えやすいのだろうか。

　「考える方法」の例

　比べる→二つ以上の「もの・こと」を比べて共通点や相違点を見付けて考える方法

　分ける→似ている「もの・こと」をグループに分けて考える方法

　つなげる→二つ以上の「もの・こと」を関連付けて考える方法

　言い換える→具体的な「もの・こと」を抽象的な「もの・こと」にまた，抽象的な「もの・こと」を具体的な「もの・こと」に置き換えて考える方法

　たとえる→より分かりやすい「もの・こと」に例えて考える方法　など

　まずは，学年に応じ分かりやすい言い方でこのような方法を与えたり，その方法が使える場を授業の中で意図的に設けたりすることから始めたい。また，何よりもこのことを教師が意識して子どもたちの発言や態度を見とりながら進めたい。

（府川　孝）

第2章

「感性的思考」と
「論理的思考」を
生かした学習指導プラン

「話す・聞く」の中で生起する感性的思考

1 感性が機能する「話す・聞く」の場

　「話す・聞く」という表現行為は，信頼を基底とした深い協同性に支えられて成り立つといえる。それは，ことばが，相手を大切に思い相手の心を分かり合おうとする愛着の関係の下に育まれたものだからである。その本質は年齢を重ねても変わらない。相手に分かって欲しいという思いが話しことばを生み出すとともに，相手の思いを話しことばを通して受けとめようとする思いが働いて「話す・聞く」という行為がなされるのである。つまり，「話す・聞く」行為は，「相手と分かり合いたい」という思いの中で生起した感性に支えられて行われるといえるのである。

　しかし，「二次的ことば」の獲得に向けて「話す・聞く」が教育の対象となると，その行為について形式的な面の理解・実践が求められるようになるとともに，その行為が評価の対象として見られるようになる。

　学習指導要領（平成29年告示）では「主体的・対話的で深い学び」の実現に向け「話すこと・聞くこと」の能力が教育活動全体に機能することが重視され，学習活動を進めるための基礎技能として習得することが求められることとなった。そこで留意すべきことは，「話す・聞く」行為の本質を見失わないということである。子どもは，自分の経験を基盤にして話したこと，自分の経験と照らし合わせて聞いたこと，それらを互いの経験を推察して分かり合おうとする「ことばの共同行為」があって初めて，安心して感性を働かせた「話す・聞く」行為を行うことができるのである。そしてそのためには，子どもと教師が相手を大事に思い，同じ「土俵」に乗り，共通の目的をもちそれを追究しようとする場，「師弟共流」の場が求められるのである。

2 感性的思考が生まれる「話す・聞く」学習活動

　指導事項の中に「共有」という過程が示された。「交流」が単なる伝え合いとしてとらえられないようにするためである。これは「話す・聞く」学習活動の中で「ことばの共同行為」が行われることを求めたものだといえる。

　「話す・聞く」学習活動は，音声言語によって行われるということから，瞬間的であるとともに相手や場に基づくという特徴をもつ。そのため，子どもの発達に応じて反応し易い音声言語が，音を表すものであったり，ことばであったり，論であったりと変化するが，その対象に感性が働き，自分なりの思いやイメージをもち，表出するに至るのである。その表出が自分本位のものになるか共同行為になるかは前述の「場」に左右される。

　子どもたちが「話す・聞く」学習活動の中で音声言語をとらえ，感性的思考を働かせ「ことばの共同行為」を通して学習成果が得られるように導くには，子どもの思考の発達に応じた学習方略を用意する必要がある。

　小学校低学年であれば，音を表すことば，リズミカルなことば，景色を思い起こさせることばなどを対象として用い，話す者聞く者の感性をくすぐる。子どもたちにイメージの広がりの楽しさを味わわせるのである。ことばの少ない子どもには，ことばの共有に導く教師のサポートが欠かせない。

　小学校中学年程度になれば，ことばを対象として，同じことを表す違うことばや同じことばに込められた違う意味などに着目させる手だてをとり，そこに生じた感性的な気付きを「話す・聞く」活動を通して積み上げていく。そこでは，ことばの共有だけでなく分有も大事にすることが求められる。

　小学校高学年以上になれば，対象を論にできるように導きたい。子どもが論という単位を対象とするのは，書くという活動と並行しないと難しい。自分の論の流れなどを書いたものを示して「話す・聞く」活動を行う。そこに示された論の流れや選ばれたことばが対象となって感性的な追究が生まれ，新たな論が築かれる。論理的な思考と感性的な思考の往還を用いて，互いに自分の論を深めていけるように導くのである。　　　　　　（相原　貴史）

2
単元名：物語の楽しみ方
教材名：「町に描いた円」『羊飼いの指輪　ファンタジーの練習帳』ジャンニ・ロダーリ（光文社）

感性的な選択をもとに聴き合い，自分の価値観を更新する

1　単元設定の理由

　本単元は，三つの結末が用意された物語を読んで，自分が"よい"と感じた結末を選び，なぜそれが"よい"と感じたのか話し合うことによって，その選択を生み出した意図をことばにする経験として設定した。

　子どもたちの選択を促すために取り上げたのは，一度決めたら諦めず，面白いことや人の役に立つことを実行しなくてはいられない主人公のパオロが，地図にコンパスで描いた円の通りに正確に町を歩くことができるかを試すために歩き出す「町に描いた円」という物語である。冒頭部・展開部は一つの物語として進んでいくが，目の前に障害物が表れたところ（山場部）から物語は三つの結末に向けて分岐していく。それぞれの結末に設定とのズレがあり，どの結末にも多少の違和感をもつが，子どもたちは感性的思考によって選んだ結末の意味付けが必要となる。そこに，それぞれの着眼点を関係付け，一つのストーリーを生み出す論理的思考が求められる。

　さらに三つの結末は，自分が何らかの壁にぶつかったとき，その葛藤とどのように向き合うかという問題ともつながっていく。ここで聴き合うのは，それぞれの価値観であり，それを伝える「伝え方」である。本稿では，学習材に喚起された子どもたちが，どのようなことばで自分を表し，今もっている"よい"意味や価値がどのように更新されていったのか，感性的思考はそこでどのように発揮されていたのかについて考察していく。

　なお，本単元は「話す聞く」「読む」「書く」を総合的に扱う単元として設定しているが，本稿では主に話す聞くにかかわる部分について考察する。

2 単元の目標

知・技 (1)オ 自分たちが使っている「理解のための方法」を意識できる。

思・判・表 A(1)ア 物語の結末を選び，選択のもとになった自分の「読み」を意識できる。

学びに向かう力 違った選択をしている他者との対話から問いを発展させようとする。

3 単元計画（全9時間）

次	主な学習活動	手立て○・評価◆
1	①物語と三つの結末を読み，自分の結末を選ぶ。【個別】	◆選択のための着眼点にサイドラインを引く。
	②③④「事件」までの書き込みを通して「理解のための方法」を共有する。【個別→全体】	◆教材に4色の付箋を貼る。特に赤（疑問・問い）を取り上げ，解釈の立ち上げ方を共有する。
2	⑤同じ結末のグループを作り，自分の問いや解釈を話し合う。【グループ】	○発表のために，互いの意見を聴いて論を補強する。
	⑥⑦違うグループの発表を聴き，新たな問いを立ち上げる。【全体】	○互いの意見の否定にならないよう，「なるほど」「そうかな」を聴き合う。 ◆発表・ノート
3	⑧⑨新たな問いについて話し合う。【全体】 ・学習をふり返り，15分作文にまとめる。【個別】	○新たな問いは判断や価値観がずれるものを扱う。 ◆15分作文
	（事後）ロダーリの別作品の結末を自分で作る。	○「書く」の学習材として，選択で行う。

（1）　価値観の違いから新たな問いを立ち上げ話し合う（第8時）

　読者の解釈が割れるように書かれた作品は，困難に立ち向かったとき「その結果とどう向き合うか」というテーマは分かりやすいものの，「こう解釈して欲しい」という作者の意図は背景に退いた書き方になっている。

　そこで互いの解釈を聴き合いながら，その違いから新たな問いを立ち上げ，8時間目でその問いについて話し合うこととした。その際，主人公に寄り添った読み方から離れ，「テーマについて自分ならどう考えるのか」を交流することで，子どもたちのことばをとらえていくこととした。

　指導のポイント

　本単元でポイントとなったのは，子どもの感性的理解や反応から，違った価値観を聴き合える問いを見いだすことである。

　7時間目の発表で，結末1（悩んでいるパオロに英雄像が話しかけ，英雄像の力で空を飛んで正確な円を描くことができた）を支持する大吉と，結末3（悩んでいるパオロに迷子の子どもが話しかけ，泣いているその子を家に送るためパオロは自分の計画を投げ出す）を支持する恵二の間で起きた対立をもとに，「計画や目標は，達成しないといけないの？」という問いを提示した。これは，子どもたちの感性的選択の裏にある「達成することと諦めること」という価値対立が対話から抽出されたからである。

　また，この問いのように，自分自身の価値観を聞き合う場面では，サークル状になって対話することで他者の前に自分を晒し，また晒された他者の声に耳を傾けられるような場の設定が必要である。そのため，本単元では「サークル対話」という形態を用いている。では，子どもたちはこの対概念をどのようにとらえていたのか，対話の始まりを見ていこう。

①　自分の価値観をことばにする（本文中の児童名は仮名）

由奈	：私は諦めちゃったら意味がないと思う。大切なことには順番があると思うから，それが一番大切なことだったら，やめない方がいいと思います。
理恵子	：私も諦めない方がいいとは思うんですけど，必ず達成しなきゃいけないってことじゃないと思います。失敗は成功の元という言葉もあるけど，①失敗してもその原因を探っていくことで，もっとうまくいくということもあるからです。
京子	：計画は諦めずにやった方がいいけど，できないこともあるから，そういうときって……①計画はできなくても，自分の中で何かやっているはずだから，計画はできなくてもその，経験はあるってこと。
恵二	：由奈が言うように，何かがない限り目標をやめない方がいいと僕も思います。が，必ずじゃなくてもいいと思うんです。なぜなら，よっぽどっていうと②結末３でいったら，男の子が迷子になってきました，でもこれはよっぽどじゃないから，さようならってことなんですよね。
（中略）	
大吉	：はい，そうです。
恵二	：僕は，それはないと思うんで……。
（前時の繰り返しになりそうなことを察した由奈が少し強い口調で恵二の話を遮る）	
由奈	：それは例の話ですか？　今は例の話でしょ。あっ，ごめんなさい。
岡田	：由奈さん，またこわいよ。
恵二	：いや，ごめん。まあ，そういうときは中断して，対応を取った方がいいっていう…。そもそも，まあ，お話しに少し入っちゃうんだけど，パオロがやりたいってことを自分で始めたわけで，③自分がやったことに対して自分で損をするのは別にいいんだけど，自分がやった行動で相手を損させるのはやめた方がいいと思う。※下線部は筆者による

「諦めない方がいいとは思うけど」という前提を共有しながら，しかし必ずではないという意見が続くなか（下線部①），前時で涙を浮かべながら「迷子の男の子を放っておくのはおかしい」と主張した恵二が口を開いた。選んだ結末から離れて，自分事として話すのがこの日の約束だったが，恵二は例として結末３を引き合いに出す（下線部②）。由奈はそれを許さず，「それはおかしい」と主張する。そんな由奈とのせめぎ合いの中で，恵二が言葉を選びながら自分の考えを整理して伝えたのが，恵二の判断の基準を示すことばだった（下線部③）。

②　「達成と諦め」を，別の概念とつなげて考える

　恵二がこれまで感情的になってしまって上手く伝えられなかった「判断の基準」をことばとして示したことは，仲間の発言に影響を及ぼしていく。このことばの後から，自分の判断の基準やその根拠となる考えを語り，それを聴き合う関係がつくられていった。そこでは，一人ひとりが達成や諦めを別の言葉と関係付けながら解釈していることが話されていく。

健	：僕は必ずは達成しなくていいと思います。<u>計画っていうのは予定に等しくて，計画っていうのは必ず達成するものじゃなくて，こういけばいいねってことだから，</u>こうなれば予定通りでよかったねってことで，そこまではしなくてもいいんじゃないかなって思います。さっき誰かが言ってた全校朝会に間に合わなかったっていうのは，約束に近いんじゃないかな。①<u>それはクラスで決めた目標じゃなくて，「必ず守ろうね」が約束。</u>こうなればいいんね，今の自分から少しは変わろうよっていう，そういう，必ず守るみたいなものじゃないと思う。
文太	：人によって達成したいって言う人も，達成しなくてもいいって言う人もいると思うんだけど。
岡田	：あなたはどっちの側ですか？
文太	：僕は達成したい方なんだけど，何か大切な事がない限りはそのまま達成しにいった方がいいと思って，なぜなら，計画や目標を中途半端で途中で切り上げて終わらせると，今までやってきた……例えばこのパオロでいうとそこまで歩いてきた意味……まあ，意味がないっていうのはちょっとおかしいかもしれないけど，結局達成できなかったら，またやることはできるかもしれないけど，そのときに達成したかったわけだから，そこでの後悔っていうか，②<u>悔しさみたいなものが残るわけだから，僕は中途半端に物事を終わらせるのはいやだなって。</u>
大吉	：僕は１回失敗するのはいいと思うんですけど，２回失敗するのは意味がないと思うんですね。
みんな	：え！？（失敗に意味がないとする言い方に違和感を覚え，その反応が口からもれる）
大吉	：１回失敗してしまうと，<u>まあ，１回失敗することによって改良してよくするっていう意識が働くわけですね。でも，１回失敗してもう１回失敗するとだんだん頑張れなくなるっていうか，もう１回失敗したのはあんまり意味がない。</u>ので，１回失敗したらなるべく改良して，次は達成した方がいいと思います。はい，次。（中略）

　健は，計画と約束という言葉を比較して，約束はみんなが必ず守ることだが計画は予定に近いことを指摘している（下線部①）。文太は，計画を途中で切り上げてしまうと，後悔だけが残り，それまでやってきたことの意味がなくなってしまうように感じることを挙げている（下線部②）。

　これを受けた大吉は，失敗することによって改善していくという価値観が，いつも成り立つ訳ではないことを指摘する。ここまで，反対意見に対して部分的にでも取り入れようとはしなかった大吉が，ここでは健や文太の声を受け取る形で，自分の「達成と諦め」についての見方を語り直している。

　このように，恵二が苦心しながら自分の価値判断の基準を示したことで，他者の前提を認めながらも，別の概念と関係付けることで他者とも共有可能な判断の基準について対話していく展開が生まれている。その表れが，健の「あきらめるという決定」という言葉であり，大吉の「２回失敗してしまうと意味がない」だと考えることができる。

5 評価の実際

(1) 感性的な質をとらえる評価

本実践では，子どもの質的な変化をとらえる三つの評価方法を用いている。

一つ目は，付箋の貼り込みである。学習材と出会ったときに働いた感性的な思考による立ち止まりは，付箋の場所と色によって確認することができる。

二つ目は，小グループによる発表である。同じ結末を選んだ者同士で4人程度の小グループを組み，グループ毎に自分たちがなぜその結末を選択したかを発表する。着眼点は一緒でも，それを物語の中にどのように位置付けたのかには，グループ毎の論理の違いが現れてくる。そしてその背景には、感性的思考がかかわっている。

三つ目は，15分作文（ふり返り）で変容を見とることである。ここでは始めの選択と最後の選択の判断の理由とその意味付けについてのみ考察する。

> 健：僕が2回目の選択で大事にしたことは，「パオロがこのお話しでどのように学んだか」ということです。もちろん，（結末）2と3はどちらも諦めています。しかし，僕が思うに3は自分で諦めたのではなく，他の人が影響し，諦めていると思うのです。僕は「諦める」を別のことばで言うと「決定」だと思うのです。なぜなら，このお話しから考えるに，パオロは諦めない性格ですが，結末2の最後で諦めています。これは，自分の性格をあえて変えてしまう，つまり「一種の決断」とも言えるのです。パオロは話の中では諦めない性格ですが，僕はできなかったらすぐに諦めます。でもそれっきりにするのではなく，ちゃんと方法を考えます。なので，パオロは「諦めない」ですが，僕は「次を考える」になっていると思います。

(2) 考察

健は始め，主人公が挑戦したことの難しさを知り諦めて家路につく結末2を選んでいた。そして，最終的に選んだのも結末2である。健たちは，本文中でパオロの前に立ち塞がる大きな教会が，世の中には乗り越えられないこともあることを表すと理解していた。

作文では，結末2と3の違いに着目しながら，自ら諦めることを「決定」と言い換えている。さらに，実際の自分は，次を考えるために諦めるのだと，諦めることの意味を自分とつないでとらえ直していることが分かる。

感性的思考を出発点に，他者の声を受け止めながら，「諦め」の意味を再構成した健は，対話を通して問いや語義を更新したといえよう。　（岡田　博元）

3 単元名：附小版「芸術の小径」で鑑賞会を開こう
教材名：「『鳥獣戯画』を読む」「この絵，私はこう見る」（光村図書）

「対話型」鑑賞で他者とつながり
作品の解釈を広げる

1 単元設定の理由

　本単元では，「対話型鑑賞」の手法を用いて「話すこと・聞くこと」を中心にした指導を行った。「対話型鑑賞」とは子どもの思考を深めたり，対話能力の向上を図ったりする目的で実践される美術作品の鑑賞法である。単元に「対話型鑑賞」を取り入れることのメリットは二つである。一つ目は友達との交流場面で他者とのかかわりに生きる感性的思考を引き出せるということ，二つ目は作品の解釈を互いに聞き合うことでその作品の解釈を広げ深めるために感性的思考を発揮できるということである。今回の学習では，年下の5年生と対話型鑑賞を行う場を設定した。先輩として後輩との話し合いを深めるために，どのように相手の考えを引き出し話し合いを進行すればよいのか，他者への感性的思考を働かせながらかかわろうとする子どもたちの姿を期待した。聞き手として，話し手となる5年生の思いに心を寄せながら交流してほしいと考えたのである。加えて友達と解釈を伝え合う中で，美術作品に対する自己の解釈の広がりや深まりに気付く姿の創出もねらった。

2 単元の目標

(知・技) (2)ア　芸術作品を「事実・理由・感想」に分解して解釈できる。

(思・判・表) A(1)エ　芸術作品に対する自他の解釈を深めるために，作品に対する互いの解釈を比較しながら聞き合い，自分の考えをまとめられる。

(思・判・表) B(1)ウ　お気に入りの美術作品についての自分の解釈が伝わるよう，事実と感想を区別し鑑賞文を書ける。

(学びに向かう力) 選んだ芸術作品の解釈を進んで伝えようとする。

3 単元計画（全13時間）

次	主な学習活動	手立て○・評価◆
1	①新聞記事を読み対話型鑑賞を体験する。 ②学習計画を立てる。	○教師がファシリテーターとなり，対話型鑑賞を体験させる。 ◆交流の中で，作品から読み取れることや感じたことを進んで伝えている。
2	③お気に入りの美術作品を選ぶ。 ④解釈の「積み木カード」を基に交流し，自分が選んだ作品の解釈を広げ深める。 ⑤⑥⑦⑧「『鳥獣戯画』を読む」を読み，鑑賞文の表現のコツを「○○法」としてまとめる。 ⑨⑩選んだ作品の鑑賞文を書き「芸術の小径」の場づくりを行う。 ⑪対話型鑑賞会のリハーサルをし，相手から考えを引き出す練習をする。 ⑫「芸術の小径」で対話型鑑賞会を開く。	○具象画と抽象画から多様な解釈が引き出せる作品を教師が事前に選んでおく。 ○「事実」「感想」「理由」をつなげて作品の解釈がもてるような「積み木カード」を準備する。 ◆作品の「事実」と「感想」を区別しつなげながら鑑賞文を書いている。 ○「5年生」という対話型鑑賞の相手意識をもたせる。 ◆対話型鑑賞の中で相手に質問し考えを引き出しながら聞いている。
3	⑬鑑賞会で交流した美術作品の解釈を踏まえ，単元の学びをふり返る。	◆対話型鑑賞で新たに得た解釈を基に作品に対する自分の考えをまとめている。

4 指導の実際

(1) 「芸術の小径」で鑑賞会を開く（第12時）

① 作品に対する解釈の共通点や相違点を楽しむ

　対話型鑑賞会を開くまでに子ども達は一人一作品を選び，その作品に対する解釈を広げ深める必要がある。そのために，「解釈の積み木カード（右図）」という，筆者自作のワークシートを活用した。「解釈の積み木カード」は「感想」「事実」「理由」を区別し，かつ関連付けながら，美術作品に対する解釈を

解釈の積み木カード

もてるよう支援するためのものである。下の段には作品から見付けられる「事実」を，上の段には作品を見て思った「感想」を書く。中央の段は事実と感想をつなぐ「理由」である。例えば，事実には「青色の背景」，感想には「悲しい感じがする」，理由には「青色は涙の色として使われることが多いから」とし，「事実」と「感想」のつながりを生み出すことができる。また「私はあなたとは違って青色の背景からさわやかな感じがしたけど，それは『青は雲一つない空の色だから』という理由が違うからだね」と，友達との解釈の違いを「理由」の記述で焦点化することも可能となる。

> **指導のポイント**
> 　感性的思考は，個性的でみずみずしい学習者の感性に支えられている。そのような感性を引き出すためには，「事実」と「感想」だけでなく，それらをつなぐ「理由」に着目して交流させることが大切である。

　鑑賞会本番では，学習者がこのカードを手に交流する姿が多く見られた。

S01：（宮本武蔵「枯木鳴鵙図」を見て）この絵はなんか悲しそうな感じ？

Y01：え〜？　悲しそう？　たしかに…。でもオレはかっこいい感じ。

S02：Y，「事実」のとこなんて書いてるん？

Y02：「鳥の目が何かをじっと見ている」って書いた。目が獲物ねらってる感じでかっこいいやん。

S03：オレも目やで！　「事実」には目のこと書いたけど，この目ってなんか悲しそうじゃない。さみしそうに遠く見てるっていうか…。

Y03：たしかに！　一本の木にしかも一羽で止まってるし！

S04：ほんまや！　じゃあ一羽で孤独でさみしいけどそのするどい目にかっこよさもあるって感じ？

　発話記録から，作品の「事実」への着目によりグループの解釈が変容したことが分かる。S02で「事実」に焦点を当てる問いかけが生まれ，そこから鵙（もず）の目をどう読み取るかという対話が引き出された。互いの理解を語り合う中で，「目」という「事実」に焦点が当てられ，そこから「目」に対する互いの解釈が展開されていった。最終的にこのグループは，鵙の目線に込められた「孤独」と「強さ」を軸に解釈を組み立てることができた。

②　感性的思考による解釈のずれを対話の中で調整していく

　対話型鑑賞のよさの一つに，美術作品に対する互いの解釈の違いが顕在化していくということがある。以下の発話記録は，感性的思考を発揮させることによってそのずれを対話の中で調整していく子どもたちの姿である。

K01：（西村功「降りた人たち」を見て）死に向かう準備！（作品の上部から下部を指でなぞる）

E01：あ〜。

T01：ってことはこっちが（作品上部を指す）生きてて，こっちが（作品下部を指す）死の世界？

K02：ちがうちがうちがうちがう。

S01：え？　そういうことやろ。

K03：こっちが（作品上部を指す）生きてる人で，こっちが（作品下部を指す）死に近い人。

T02：じゃあこっから生きてる生きてる生きてる死んでる死んでる死んでる…みたいな。

K04：そう。

　K01では，作品上部から下部に描かれていることをもとに「死に向かう準備」という解釈が生み出されている。この解釈が生み出されるまでに，作品

に描かれている人物の持ち物や向いている方向などの根拠に着目する発話があった。その流れを受けてのＫ01の発言である。ＴはＫの発言を受けて，「ってことはこっちが（作品上部を指す）生きてて，こっちが（作品下部を指す）死の世界？」と確認の問い返しをしている。対話型鑑賞では，互いの解釈に少しずつでも歩み寄る態度が必要である。そうでなければ複数人で作品を鑑賞する価値は生まれないからである。しかし，即座にＫは「ちがうちがうちがうちがう」と否定する。対話の中で否定的な態度が生じるとそこで話し合いを進めるムードが一気に壊れてしまいがちである。ただ，ここでＴはもういちどＫ03の発言を聞いた後，「じゃあこっから生きてる生きてる生きてる死んでる死んでる死んでる…みたいな」と粘り強く聞き直している。結果Ｋの「そう」という共感を引き出すことができた。このグループでは，ＫもＴも感性的思考を発揮し作品に対する解釈を事前に創り上げていたからこそ，交流したときに互いの解釈にわずかなずれが生じた。そこで停滞するのではなく，主体的な言語活動を「粘り強く」継続しなければならない。このような，情意能力にも似た側面の感性的思考がこのグループでは発揮されていた。

③ 相手の話しやすさを生み出すために感性的思考を発揮する

　　このグループには，自己主張が苦手で新しいものには物怖じする５年生女子児童Ｓがいる。そんなＳに対して６年生女子児童ＨとＵは一貫して思いやりのある共感的な聞き方を続ける。話しにくい相手のことを思い，引き出したり受け入れたりして対話を進めていくことは感性的思考の発揮といえる。

H01：（速水御舟「炎舞」を見て）なんかこういう黒いところと炎みたいなところの差ってどういうことを表してるんだろう？　ていうかなんか，夜って言ってくれたけど夜にこういう炎があるってどう感じる？　なんかぱっと見っていうか，こういう両方の違いを見てどう思う？

S01：なんかお祝いとか…。

H02：ん？（顔を寄せてもう一度言うように促す）

S02：お祝いとか…。

H03：あぁ〜。お祝い…（メモを取る）。どうしてお祝いだと思ったかなぁ？

S03：（小さく聞き取れない声で理由を話す）集まってる…。

H04：うんうん。（うなずきながら話を聞く）

U01：なんか，明るい方向になんか飛んで行ってるみたいだから？S04：（うなずく）

U02：あぁ～，なるほど。

　発話記録から，終始Sに対するHとUの丁寧なかかわりが確認できる。「対話型鑑賞」という活動を軸として，相手の気持ちを推し量ろうとするHとUの感性的思考が発揮されている。最後に対話型鑑賞を終えたS，H，Uのそれぞれの感想の抜粋を示す。HとUの気遣いに対するSの気付きや，Sの話しにくさを理解したうえでのHとUの働きかけの工夫が読み取れる。

5年生女子児童S	6年生女子児童H	6年生女子児童U
6年生は，私がこう思うと言うと，なぜそう思ったのと，相手を，話にひ（き）こむようにして，そのことについて，くわしく話をしたり，分からなかったら，ちがう所の話をしたり，アドバイスを言ってくれたりしました。	最初の方は5年生も言いにくそうな雰囲気だったけれど私たちが質問を投げかけることでたくさん意見を言ってくれたのでよかったです。	いきなり「この絵を見てどう思う」と言われても答えにくいと思うから「この部分が何に見える」や「この絵を見て何か感じることはある」などの，見る部分や視点を言って（5年生が）考えやすいようにしました。

5　評価の実際

　今回紹介した3つのグループは対話型鑑賞という学習活動を生かして，「事実」と「感想」を区別し関連付けながら解釈したり，対話の中で質問を活用して相手の考えを聞いたりすることができていたといえる。特に②や③で紹介した子どもたちの「粘り強さ」や対話する「相手への気遣い」などは，これまで教科指導でなかなか焦点が当てられなかった部分である。これらは，今回「対話型鑑賞」と「感性的思考」を組み合わせた単元の中で明るみに出た，学習者にとって真に必要な力と言えるのではないだろうか。

（友永　達也）

4 単元名：話す・聞く2　多様な意見の交差（学校図書）
教材名：「一番好きな音楽は？」（自主教材）

グループパネルディスカッションに感性的思考を見いだす

1　単元設定の理由

　「グループパネルディスカッション」を実践する理由としては，①パネリストを1人ではなくグループにすることで発表内容の多様化を目指す，②パネリストがフロアから受ける質疑応答の内容の充実を図る，があげられる。学習材は，「今，興味のあることについて考える」という設定で，テーマを決定するところから話し合いを行った。中学2年生という発達段階を考慮してグループパネルディスカッションの形を取った。相手意識を明確にもち，プレゼンテーションやディスカッションの内容や表現を考え実行すること。実際のやりとりの中で聞き手の反応に応じて，あらかじめ準備していた内容や表現，話し方を変えていくこと。これらが大切であることを理解した上で，お互いの発言を受けて即時的に考え，相手の意見に誠意をもって答えようとする相互作用的な「学び」が「感性的思考」を働かせながら行うディスカッションにみられると考えた。

2　単元の目標

（知・技）　(2)イ　必要な複数の情報の表し方を理解し使うことができる。

（思・判・表）　A(1)ア　パネリストやフロアなど異なる立場や考えを想定しながら集めた材料を整理し，プレゼンテーションやディスカッションの内容を検討することができる。

（学びに向かう力）　言葉がもつ価値を認識し自らの思いや考えを伝え合おうとする。

3 単元計画（全6時間）

次	主な学習活動	手立て○・評価◆
1	①学習のねらいについて確認する。 「グループパネルディスカッション」について理解する。	◆必要な複数の情報の表し方を理解し使う。 ○自分の役割について具体的なイメージをもたせる。
2	②テーマについて自分の意見をもち，根拠を考え，どのようにその裏付けを取るかを考える。 今回のテーマは「一番好きな音楽は？」 A　邦楽［日本の歌謡曲］ B　Korea-pop［韓国の歌謡曲］ C　洋楽［海外の歌謡曲］	◆パネリストやフロアなど異なる立場や考えを想定しながら集めた材料を整理し，プレゼンテーションやディスカッションの内容を検討する。
3	③意見の根拠となる事柄を資料などから収集し，話し合いの役割分担を決める。 ④グループパネルディスカッションの準備をする。	◆必要な複数の情報の表し方を理解し使う。
4	⑤グループパネルディスカッションをする。 ・パネリストからのプレゼンテーションを行う。 ⑥フロアからの質疑応答を中心としたディスカッションを行う。 議論をふり返る。	◆集めた材料を整理し，プレゼンテーションを検討する。 ◆言葉がもつ価値を認識しながら自らの思いや考えを伝え合う。 ○誰のどんな発言によって自分の考えを整理し深めたかふり返る。

4　指導の実際

　子どもたちは「A　邦楽［日本の歌謡曲］」「B　Korea-pop［韓国の歌謡曲］」「C　洋楽［海外の歌謡曲］」それぞれのパネリストとなり，好きな理由，音楽のよさ，素晴らしさをプレゼンテーションしながら，フロアが他の楽曲のパネリストに対して質疑応答するというディスカッションを行った。第4次第5時のプレゼンテーションでは，パネリストが複数の情報を駆使して「自分の好きな音楽の長所」を発表した。第6時では前時中にパネリストの発表を聞きながら，フロアが用意していたものをもとに質疑応答用にメモをして自分たちの意見を再構築していた。フロアは質問という形で，パネリストたちと意見を交流し，即時的なやりとりを重ねながら思考も積み重ねていった。フロアからパネリストに行う質疑応答の中で相手に考えてもらおうとする姿勢の中に《感性的に考え合う》場面を見ることができた。

(1)　フロアからの質疑応答を中心としたディスカッションを行う（第6時）
①　質疑応答とふり返りをする

> C1：〔洋楽→邦楽〕私は日頃から，洋楽を聴いているんですけれど…。曲を聴いていたら，意味を知りたいってすごく思うじゃないですか。その意味が知りたいという気持ちが強いからその過程で調べるわけで，その過程が面倒くさいと思うわけではないと思うんですけれど。
>
> C2：〔邦楽→洋楽〕**結局，人それぞれ**なんですけれど…。日本人は…。あ，でもな…。根拠がないんですけど…。邦楽でいいや，って感じの…。C1さんみたいに，洋楽を聴いてまで，調べてまで，なんか，何だろう…。とりあえず日本人は邦楽で満足できるっていうか…。

　ここでC1（洋楽）（フロア）は「曲を聴いていたら，意味を知りたいってすごく思う」「その意味が知りたいという気持ちが強いからその過程で調べる」という論理的な説明をしているが，「曲を聴いていたら，意味を知りたいってすごく思う」と「感性的思考」が働いたのではないかと推察する。C2（邦楽）（パネリスト）は，C1（フロア）が「意味が知りたいという気持ちが強いから」「調べる」という理由を説明しているので，その部分に

答えるべきであるのに「面倒くさい」という感情論をもってきてしまい，「結局，人それぞれ」ということばで返した。この発言は，ふり返りで本人も，

> 質問の答える内容が少し的外れだったと思う。具体的に言うと，私が「それを言ったら，話し合いが終わっちゃうじゃん」とつっこまれても仕方ない内容のことを言っていたので，討論を続けるための適切な応答ができたらよかったなと思った。でも質問に答えることができてよかった。（C2の「ふり返り」から）

と述べている。「討論を続けるための適切な応答ができたらよかった」と自分の発言の不十分なところをとらえている。

指導のポイント

ディスカッションを終えて「ふり返り」を行うことで，パネリストやフロアといった発言者だけでなくそれを聴いている聴衆からも「感性的思考」を促す場面が確認できる。発話に限らず，ふり返りを省察することも大切である。

> 今日のパネルディスカッションでは「私はそこがいいんです！」や「僕は面倒くさがりだから…」などだんだん人それぞれな意見で何派の意見ではなくなっているときがありましたが，それはそれで面白いなと思いました。（聴衆の「ふり返り」から）

② パネリストとフロアの議論からの共感を得る

以下のやりとりは，全ての魅力を知って，その中で洋楽を選んでいるというC3（洋楽）（フロア）の主張と，邦楽しか知らないで気に入っているというC2（邦楽）（パネリスト）の主張が述べられている。C3（洋楽）が「洋楽の魅力」について語りながら，相手の根拠がない意見に迫るやりとりである。感情的に発言するのではなく，論理的に，批判的に議論をしている場面である。

その中で，クラスが大きく動く瞬間がある。

　「その魅力を知らないから邦楽がいい，ていうのは，やっぱり根拠がないじゃないですか。どっちがいいかどうか，C2くんはまだ知らない。」という発言を聞いて，クラス中に笑いと拍手が生まれたということは，様々な立場に共感を得た「感性的思考」が働いた発言だったのではないか。それに対しC2（邦楽）は邦楽以外を知らない自分をへりくだって，「残念な人間」という発言をしている。C3（洋楽）に「根拠がない」と言われて，自分の立場をとっさに表現した発言である。議論のときに適しているかどうか根拠がないから言った発言としては苦肉の策であろう。「ふり返り」の中に「自分の発言の適否を述べているところ」にも「感性的思考」が見られる。

指導のポイント

　フロアの質問に答えているパネリストの発言を受けて，別のフロアが質問しながらパネリストの意見の疑問をついた。準備していた質疑だけでなく，自分が用意していたものにその場の意見を踏まえて発言しているところに，「感性的思考」の深まりが見られた。パネリストの発言を丁寧に拾いながら意見を重ねるフロアのような即時的な意見の交流を見逃さないこ

5　評価の実際

　子どもたちのそれぞれの「ふり返り」の記述で評価を行った。「自分の意見」の立論や論拠だけでなく，他者，この場合は同じ意見の元に集まった「グループ」の仲間や，対立している立場の仲間たちへの言及が見られた。「○○くんのような意見の言い方が必要」「フロアや様々な人に助けられた」「人と一緒に考えてよかった」など，パネリストがグループであること，フロアが協力し合いながらグループで質問をしていったことに効果が見られた。単なる「パネルディスカッション」ではなく「グループパネルディスカッション」という「場」を用意することに意味があり，そこにグループで一つの立場で考えることに「感性的思考」の往還が見られたと考える。（**4** ①）

　子どもたちは「質問者の意図に沿った返答」の難しさを，実践を通して見付けることができた。既存の資料や，予期した課題に対しては，実によく取り組んでいたのだが，予想外の質問に対して，的確に答えるのは思ったよりも難しいとも感じていた。このことは『聞くこと』の大切さを改めて実感する機会ともなった。実際の話し合いの『場』が自らを成長させてくれることを，子どもたち自身感じ取っているようである。（**4** ②）

　本実践では「政策論題」ではなく「価値論題」を議題として扱った。「価値論題」だったからこそ「感性的思考」を刺激するにはよかったといえるのではないか。「感性的思考」のそれぞれの実践場面の見とりの難しさを感じることはあったが，「どちらが価値あるものか」という問いを論じるときに，子どもたちの「感性的思考」を十分働かせる「学習の場」になったことは間違いない。議論しながら子どもが相手を尊重して意見を言うこと自体が「感性的思考」の中の「感性の耕し」となっているのではないかと考えた。

（菊地　圭子）

1

表現することばを選び磨く
―創作に焦点を当てて

　「創作」は，一夜にして成らない。継続的に行うことが，様々な言葉に慣れるという意味でも大切である。その一方で，どんなことばを選ぶのか，瞬間的な判断力が求められることもある。もともと子どもの中には，ことばに敏感な者とそうでない者がいることは確かであるが，少なくとも，ことばを味わい，その文脈でなぜそのことばが選ばれたのか，ということに思いを巡らせることができるようになってほしい。

1 　詩を材として感性的に考え合う

　まず，詩を教室で扱うことの意義は，詩の文章が基本的にその形態・形式において，散文的法則からは自由であることがあげられる。さらに創作をすることによって，作り手としての視点で言葉に向き合える。詩は文章よりもことばの量が少ないので，まとまった内容をコンパクトに扱うことができる。ことばを磨く格好の材であると考える。

　「『ことばを磨く』ことと『考え合う』ことは不可分かつ相互的な関係」ということは，言い換えれば，考え合うというプロセスを得てことばは磨かれていくともいえよう。「考え合う」の中でも「感性的に考え合う」ことについては，第1章2において，「感性」を単なる受容能力としてだけではなく，受けとめたものを豊かに表出する主体的で個性的な表現を生み出す能動的な能力としてとらえることの必要性が述べられている。これは，考え合うことを有意とするための要件であるともいえよう。

　創作は，つきつめれば個人の孤独な作業となる。仮に，複数の書き手が集まって一つの作品を作り上げたとしても，イメージし，ことばを選び，作品化していくその過程はやはり個の中で行われる。しかし，いきなり作品作りに入れる子どもはそう多くはない。個人の世界を広げ深めるためのたくさん

のことばを獲得できる場や時を設定するのは必須である。このときに，個々のもつことばを出し合い，選び，作品として組み込んでいく。そして，意図的に取り入れたことばを最終的には外したり，他の子どもの作品で用いられていることばそのものや，文の中における位置付けを知ることで，あらたなイメージを生み出すこともある。子どもは，自らは気付かずとも，共有することで互いにヒントとなることばを教え合う。教師は，磨きの甘い表現を瞬時にすくい上げ，子どもに的確に指摘する。やがて子どもに，ことば一つ一つに丁寧に向き合う姿勢が育まれるのだ。

2 評価は子どもと授業者の共通理解の上で

　評価については，殊に作品そのものの質的なところについて，どう見とるのか，汎用的なものさしを定めて当てはめることは難しい。授業者が授業者の主観をもって評価を行うことを，子どもと授業者の双方が共通理解した上で，創作に取り組んでいくということも一策であると考える。一つ一つのことばを選び，磨くことが自身の内面にあるイメージをより鮮明に切り出すことになる。結果としての作品のみならず，感性的思考がよく働いているかどうか，作り上げていくプロセスも，書くことで多くを可視化できる。例えば，ことばを集めて書き出すときに，マインドマップにすることで，他の子どもたちが共有できるようになる。マップのことばを見渡すことで，相互にアドバイスを送り合い，自身でもさらに考えた上で，ことばを選ぶことができる。つまり，子どもは，友達や教師の示唆をもとに，納得のいくまでことばを磨いていくことができるのである。

　教師が，感性的思考を意識して，子どもの創作学習を設計していくこと。また，子ども自らが作り手と読み手の往還の中で，ことばを磨いていくことが，次のような子どもの感想につながるのだ。

　「詩をつくるためには五感を働かせるのがよい。五感で感じて，清らかで美しいことば達が集まるとき，私の詩はできあがり青春の一ページとなる。それに対する情熱は夏の暑さにも負けない。」

（森　顕子）

2 単元名：絵から想像を広げ，お話を作ろう
教材名：「森の音楽会」（自主教材）

絵を見て想像を広げ，お話を作る

1 単元設定の理由

本単元において，感性的思考を育むために次の2点をポイントとした。

一つ目は，教材の選定である。その観点は，次のとおりである。

① 学習者の発達段階に応じた題材である。

② 学習者の想像力をかきたてるものである。

③ 論理的思考育成を視野に入れた指導が可能である。

教材のもととなった『もりのピアノ』（いわむらかずお，1989年，ひさかたチャイルド）は，森の中が舞台となり，主人公の女の子と動物たちが切り株や木の葉などを楽器として演奏を始めるという話である。話の展開に順序性を備えつつ，転にあたる場面も有している。また，絵の中に文がなく読み手が想像力を働かせて読み進めていくことを設定しているかのようである。表紙を含め12枚の絵から成っており，指導の意図に合致した5枚を抽出，指導者が模写し，切り絵として提示した。

二つ目は，絵から想像したことを音声によって交流することである。それは，自己の思考を確かにして即発信，反応を即実感できるものである。一方，発言を聞くことはそれ自体楽しく興味をそそられる。自己と他者，他者と他者の発言を関係付けながら考えを創造したり，想像を広げたりすることにつながる。また，音声言語は非言語を伴う。音声，表情，身振り手振りなど身体ごとの発言は，絵の世界に浸らせ，想像力をかきたてるであろう。

なお，感性的思考を育てる重要場面は単元の導入部である。初めて絵と出会った学習者は，何を感じ，思うのであろう。想像力が大いに働く場面である。それをどのような言葉で表出し合っていくのか興味深い場面でもある。

2 単元の目標

知・技　(1)ア　言葉には，見たこと，感じたことなどを表す働きがあることに気付くことができる。

思・判・表　B(1)ア　絵から想像したことから書くことを見付け，必要な事柄を集めて書くことができる。

学びに向かう力　絵から想像したことを意見交流し，書くことを楽しむとともに，言葉のもつよさを感じようとする。

3 単元計画（全4時間）

次	主な学習活動	手立て○・評価◆
1	①絵をもとに想像したことを交流し合い，話の大体をつかむ。	○切り絵を提示する。 ◆絵から想像したことを発言している。 ◆好きな絵を選んでいる。
2	②登場人物に吹き出しをかき，会話を入れる。	○切り絵をもとにした学習プリントを配付する。 ◆場面をとらえ登場人物の立場で書いている。
3	③お話を書く。	◆順序，まとまりに気を付けて書いている。
4	④書いたお話を読み合い，感想を交流する。	◆内容や表現方法などよいところを具体例を示しながら伝え合っている。

(1) 　絵をもとに想像したことを交流し合い，話の大体をつかむ（第１時）

① 　１枚目の絵（『もりのピアノ』表紙絵）を見て想像したことを交流する

［１枚目の絵を教師が手に持ち，学習者の前面中央に立ち提示。その後，黒板の中央に提示。］

Ｔ：これは，皆さんに作ってもらうお話の一番はじめのところの絵です。この絵を<u>じいーっと見つめてください。皆さんの心の中にはどんなことが思い浮かんできますか？</u>

〈間　59秒〉

高：夕方頃，女の子が木を見つめています。

西：夕方頃に女の子が木を見つめていて，そのときに風が，ビュービュー吹いています。

多：森の中で女の子が切り株を見ています。（４名発表）

椿：木と木の間に女の子がトコトコ歩いてきました。空は夕焼けでいっぱいに広がっています。女の子のすぐ前には切り株があります。女の子は，その切り株をじーっと見つめています。

辰：夕方頃，女の子がテクテク歩いてきて止まりました。女の子の前には切り株があります。

湯：夕方頃に女の子が来て，切り株を見ました。女の子は，<u>「あっ，あんなところに切り株があるぞ。あるわ。」</u>（参観者から笑い）と言っているようです。

Ｔ：<u>女の子が話しているように言えましたね。</u>

指導のポイント

　１枚目は，お話の起点となる。学習者が絵と出会い，感じ，それを言葉として表現できるよう十分時間を確保する。また「誰がいますか？」「場所は？」などと問いかけない。絵の世界に浸っている学習者のイメージを大切にするためである。「心の中には，どんなことが思い浮かんできますか？」の問いで，絵に表れているもの（場所，人物，出来事等），いないもの（擬音語，擬態語，会話等）を発言している。

　ここで注目したいのは，<u>湯児</u>（男児）の発言<u>「あっ，あんなところに切り株があるぞ。あるわ。」</u>である。絵を見る。ここまでの一連の授業の流れから「女の子」「切り株」を認知（論理的思考）。女の子が切り株を発見し驚いていることを想像，女の子に同化，会話を入れ発言した。このとき，「ぞ，じゃない。わだ。」と，とっさに判断し，言い換えている。（感性的思考）

　会話を入れた初めての発言であった。これは，教室全体の雰囲気を和ませ，絵の世界へと引き込み，新たな想像の視点を示すことになった。

② **好きな絵を選ぶ**

T：このお話は，［1枚目の絵を指して］この絵から始まって，そして，この次に［2枚目の絵『もりのピアノ』(pp.8-9)「ピアノ（切り株）を弾いている女の子のもとへ動物たちが寄ってくる」を示しながら］こうなります。そして，その次に［3枚目の絵(pp.10-11)転に当たる場面「動物たちが女の子から離れ，楽器をとりに行く」を示しながら］こうなるの。（※かすかであるが「あ，ああっ。」の声）それから［4枚目の絵(pp.12-13)「ねずみが楽器を持って女の子のもとへ戻ってくる」を示しながら］こうなります。最後には，［5枚目の絵（pp.20-21)「女の子と動物たちが音楽会をする」を示しながら］こうなります。みんなに作ってもらうお話はこの絵から始まって，こうなって，こうなって，こうなって，こうなるのです。5枚の絵が黒板に並んでいますね。みなさんはどの絵のところが一番好きですか。

長：最後の絵です。どうしてかというと，りすとか熊とかが音楽会をしているようだからです。

宇：ぼくは，5番目の絵が好きです。なぜかというと，みんなで楽しく踊ったり，木とか葉っぱをトントンたたいているからです。（6名発表　いずれも5枚目）

桜：ぼくは，2番目の絵が好きです。どうしてかというと，その切り株のオルガンで何かを弾いていて，りすとかが，「この音，何だろう。」と思って寄っていっているからです。

野：ぼくは，4番目が好きです。どうしてかというと，ねずみがやってきて，その女の子が「あれ，ねずみがやってきた。何するんだろう。」と言っているようです。

隅：わたしは2番目が好きです。どうしてかというと，女の子がピアノを弾いているところを動物たちがかわいいお目々でじっと見ているからです。（参観者がほほえむ）

小：わたしは3番が好きです。なぜかというと，はじめは，わたしは，逃げたのかなと思っていたけれど，5番目を見ていると，楽器を持ってくるような気がしたからです。

T：今，小さんの言ったこと，みんな，分かった？　3番目はどんなところか分かりましたか？うまく言ってくれましたね。（3名発表　5枚目2名　2枚目1名）

松：ぼくも3番が好きです。なぜかというと，5番目で分かったんだけど，何か，りすとか，鳥とかうさぎとかが「ぼくたち，楽器とりに行ってくるよー。」って言っているみたいだからです。

指導のポイント

　2枚目から5枚目を一気に示す。ここまで，話の展開は分かっていない。一度に4枚を順に提示することで絵の展開，人物，出来事などに驚きをもって対する。また，このとき，絵と絵とを関係付けて感じたり，考えたりすることに集中する。そして，「一番好きなところは」と問う。きわめて感覚的な問いである。絵に浸っている雰囲気を壊さないためである。同時に，好きだとする根拠を挙げさせる。この根拠が各場面をとらえること，場面と場面との関係をとらえること，登場人物の心情や行動が織り成す現象を想像することになる。5枚の絵に息を吹き込み，さらに絵の世界へと誘う。

③　**ここまでの学習をもとに，一つのまとまった話をする**

［隅児の話］ある日，女の子が山のてっぺんに歩いてきました。すると，その前に切り株の
ピアノがありました。女の子が弾いているとたぬきやうさぎさんが来て「何してるの？」と
言いました。女の子が「ピアノ弾いているの。」と言いました。「ぼく，とってくる。」「わた
しも。」動物たちが次々に「楽器，とってくる。」と口々に言いました。女の子がピアノをま
た弾いていると，さっきのねずみがきて「とってきた。」と言いました。そして，次々に動
物たちが来ました。女の子はにっこり笑いながら演奏しました。（参観者から感嘆の声）

［隅児の話に機能したと考えられる論理的思考例・感性的思考例］

　前活動までの意見交流や隅児自身の発言内容から考察した。

論理的思考例	感性的思考例
①2枚目は，女の子がピアノを弾いている。そこへ動物たちがやってきた。②3枚目の絵は動物たちが楽器をとりに行っているんだ。④4枚目の後に，動物たちが楽器を持って戻ってきていることを話さないと5枚目に続かないなあ。	①2枚目の絵，大好き。動物さんたち，かわいいお目々で女の子を見ているよ。女の子と何か話しているかな。話していると楽しいな。どんな話をしているのかなあ。②みんな次々に走っているよ。この様子をどう話そうかな？　とりに行ったことが分かるように話さなきゃ。さっき松君は「ぼくたち楽器とってくる。」と話すように言っていたな。どう話そうか？③ねずみさんに続いて動物たちも楽器を持って戻っているんだ。それが分かるように話したいなあ。どう言えばわたしの思っていることがうまく表されるかなあ。ぴったり合う言葉はあるかなあ。

Ｔ：今の話を聞いて，とっても上手だなと思ったんだけれど，みなさんはどうでしたか？
宇：ぼくは，隅さんの最後の「にっこり」がよかったと思います。なぜかというと，普通だ
　　ったら「笑いながら」でもいいのに，「にっこり」を付けたら笑っている感じがよく分
　　かるからです。
小：わたしは，4番と5番のところの「動物たちは，次々に来ました。」というところが上
　　手だったと思います。なぜかというと，「次に」だったら，今度は一人，また，今度は
　　一人，また，一人だけ来たと言って，また，次と言って，いっぱい言わなあかんからで
　　す。
西：わたしは，2番目のところの「切り株のピアノ」を弾いているというところが上手だと
　　思いました。どうしてかというと，普通の人だったら「切り株のピアノ」と言わず，
　　「ピアノのような木」を弾いていましたと言うけど，隅さんの場合は，読んでいる人に，
　　「本当にこれピアノやねんで。」と思わすようにしていたのが上手でした。

指導のポイント

　絵をつないで話をする活動は，指導の実際①，②を踏まえた段階的なも
のである。絵の順序性やまとまりをとらえるなどは，第2次，第3次を視
野に入れている。学習者はここまでの意見交流をもとに，個々の感性や論
理から教室に浮遊していると考えられる言葉を選びつつ話を作っていく。

　一まとまりの話の後，聞き手に感想を尋ねる。聞き手はこれまでの学習

を想起し，話し手がどんな事柄を，どんな言葉を選んで表現するかを自らの感性や論理で聞き，判断し，発言する。

5 評価の実際

　本時では意見交流が中心であり，発言に対する指導者の応答，賞賛，助言が主な評価方法となる。感性的思考を機能させ同化して視点を変える，論理的思考を機能させ場面をとらえる等は評価対象である。「女の子が話しているように言えましたね。」「今，⬜小さんの言ったこと（略），３番目がどんなところか分かりましたか？うまく言ってくれましたね。」などがそれに当たる。

　指導の実際③，話の後の上手だと思った箇所の発表は相互評価でもある。⬜宇児は前活動で５枚目の絵が好きだとしていた。⬜隅児のこの場面の話に注目。「笑いながら」と「にっこり笑いながら」とを比べ，女の子の内面に迫り「にっこり」がよいとした。⬜小児は，前活動で転にあたる３場面を最初にとらえ発言した。絵にはない４枚目と５枚目の間の出来事（動物たちが楽器を持ち戻ってくる）も動物たちの一連の流れとして想像しながら聞いていたのであろう。「次々に」に反応。「次に」と「次々に」との違いを挙げながら「次々に」がこの場面には適した言葉だとしている。⬜西児は「切り株のピアノ」に反応。実は，⬜西児は⬜隅児の前に話をし，これに相当する箇所を「女の子が切り株のところに来て，その切り株をそっとさわりました」や「その木のところを手で押さえたりします」としていた。再度，絵と結び付け「⬜隅さんはこんな表し方をしている。こんな表し方もあるのだ。」という思いに至ったのであろう。また，隠喩と直喩との違いについて，話の内容に即して説明し，隠喩のもつよさを述べている。「読んでいる人に」と相手意識にも触れた。

　これらはいずれも互いの，個々の感性的思考が，感性的思考と論理的思考が機能し合い，言葉について考え，考え合い，その概念をつくり上げている場面といえよう。また，感性的思考はずっと流れるように持続しており，刺激（「驚き」「感心」「納得」等）を受けると機能することも窺えた。（佐田　壽子）

3 単元名：読み味わった物語のおもしろさを解説しよう
教材名：「注文の多い料理店」（東京書籍）

「解説シート」づくりでおもしろさを味わう

1 単元設定の理由

　本単元では「注文の多い料理店」という物語のおもしろさを読み味わい，それを「解説シート」に書いて表現する学習活動に取り組む。おもしろさは何も笑いの感情だけでなく，怖さや不思議さなど作品に対して感じた全ての感情が含まれることを確認し，幅広く感性を発揮できるようにしたい。

　主体的に学びに向かう力を育むために，子どもたちが感性を働かせて見付けたおもしろさを軸にして学習を進める。そこで，初発時に一番おもしろいと感じた内容を集約し，それらを第２次で共有するという展開にする。

　読み味わう段階においては，おもしろさの根拠を論理的に分析する思考を主に働かせる。その際も，ふり返りとして「今日の授業で見付けた物語のおもしろさ」について解説する活動を取り入れることで，論理と感性を関係付ける機会を継続的に取り入れる。「解説シート」に取り組む段階でも，子どもたちは論理的に学習した内容を活用しつつ，感性を大いに働かせて表現することになる。

　このように子どもたちは，単元を通して感性や論理を行き来しながら学びを進める。論理的に思考した学びと感性をかかわらせ，感性的思考を働かせることが学びを深め「ことばを磨く」ことにつながると考え，単元を構成した。

2 単元の目標

(知・技)　(1)ク　比喩や反復など，表現の工夫に気付くことができる。
(思・判・表)　C(2)イ　物語のおもしろさを解説する文章を書くことができる。
(学びに向かう力)　見付けた物語のおもしろさについて，論理的に考えようとする。

3 単元計画（全10時間）

次	主な学習活動	手立て○・評価◆
1	①全文を通読し，初発の感想を書く。一番おもしろいと感じることを短くまとめる。 ②新出漢字の学習や難解語句の意味調べを行う。	◆おもしろいと感じることを見付けている。
2	③場面ごとでの主な出来事を整理した後に，「現実の世界」と「不思議な世界」に当たる場面について考え，物語の構成をとらえる。 ④始まりの場面から，紳士の人物像について考える。 ⑤戸に書かれている言葉の真意と，紳士の受けとめ方のずれについて考える。 ⑥物語全体を通して，二人の紳士に見られる変化や変わらなかったことについて考える。 ⑦題名や繰り返しの効果，色彩を表す言葉の使い方，オノマトペなどに着目し，表現の工夫と物語のおもしろさについて考える。	○各時間，ふり返りとして「今日の授業で見付けた物語のおもしろさ」について解説する活動を継続的に取り入れる。 ◆おもしろさを論理的に読み取っている。
3	⑧これまでに学んだ物語のおもしろさをふり返り，解説シートに書く内容を決める。 ⑨物語のおもしろさが伝わるように，解説シートを書く。 ⑩完成した解説シートを交換して読み合い，感想を交流する。	◆おもしろいと感じる内容を論理的に解説できている。

4 指導の実際

(1) 物語のおもしろさを読み味わう（第5・6時）

第2次では，初発時に子どもたちが感じた物語のおもしろさを五つの観点に整理し，それらを1時間ごとに読み味わう学習に取り組む。共有するおもしろさの内容は，「物語の構成」，「紳士とは言い難い人物像」「戸に書かれた言葉の意味と紳士の解釈とのずれ」「設定と結末での紳士の変容」「題名や色彩など様々な表現の工夫」と大きく五つに分類した。

物語のおもしろさを，その根拠や理由を考えつつ論理的に読み取っていくことは，論理的な思考を中心に働かせることとなる。そして2次においても読み取った内容を「今日の学び」でおもしろいと感じる感性に関係付ける，感性的思考を働かせる機会をふり返りに設けた（図1の実線）。そこで書かれた内容は，その後の解説シートに大きく影響している（図2の実線）。

以下では，「戸に書かれた言葉の意味と紳士の解釈とのずれ」と「設定と結末での紳士の変容」を読み味わう学習について焦点を当てる。

① 店の戸に書かれている言葉の真意と紳士の解釈とのずれを読み味わう

第5時では，西洋料理店の戸に書かれている言葉の真意と紳士の解釈とのずれを読み味わう学習に取り組む。戸が7個あることやそこに書かれてある言葉が13個あることは，ワークシートに整理して子どもたちに提示する。また，考えさせたい紳士の解釈や言葉の真意はある程度厳選することで，考えるポイントを明確にできるようにする。

> ### 指導のポイント
> 「戸の言葉を紳士は二人ともおかしいと感じていなかったのか，一人は感じていたのか」を考えることで，一人の紳士が4回は何かおかしいと感じたり迷ったりしたにもかかわらず，後戻りできない所まで進んで行ってしまったというおもしろさについて気付くことができるように工夫する（図1の点線）。

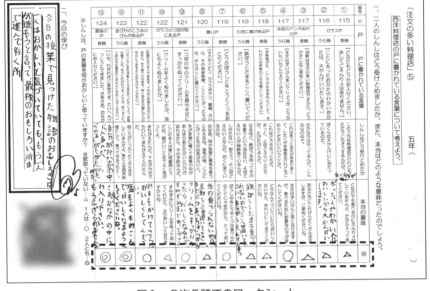

図1　2次5時でのワークシート

②　二人の紳士に見られる変化を読み味わう

　第6時では「始まりの場面」と「終わりの場面」を読み比べ，紳士の変容について考える。この際，教科書をめくらなくてもワークシート1枚で見比べることができるよう，本文はワークシートに載せておく。西洋料理店で相当な恐怖を味わったにもかかわらず，傲慢な所や，結局山鳥を買って帰るように見栄っ張りな所は変わっていないこと。だからこそ，紳士の顔は紙くずのようなままで元のとおりになおらなかったこと。しかしながら，叙述にある「山鳥を十円も」と「山鳥を十円だけ」の違いから，以前より少しは生き物に対する畏敬の念も感じ取ることができることに着目させる。

指導のポイント

　大きく変わった所である紙くずのようになった紳士の顔について，「なぜ宮沢賢治は二人の顔を元に戻さなかったのか」を考える機会を設ける。

そこで，もし終わりの場面で紳士の傲慢さなどがなくなっていたら顔は元に戻っていたかも知れないことや，傲慢で見栄っ張りな紳士をこらしめることが物語のおもしろさにつながっていることについて，考えを深める（図2の点線）。

(2) 物語のおもしろさを解説する（第9時）

　第9時では，「解説シート」を作成する。ここで，「解説シート」に見られる子どもの思考に着目したい。「一人のしんしは，何かおかしいと気づいている所もありますが，もう一人は気づかず，いいようにとらえてしまって，どんどん進んでいってしまいます。」（図2の実線）に見られるように，論理的な思考とおもしろいと感じる感性がかかわることによって，おもしろさの解釈に初発時よりもふくらみが生まれている。このような感性的思考の働きに，子どもたちが学びを深め「ことばを磨いた」姿を見取ることができよう。

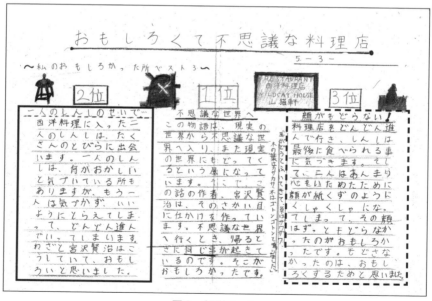

図2　解説シート

> **指導のポイント**
>
> 　解説シートは，自分がおもしろいと感じる内容について三つ選んで解説することにする。一つではなく三つにすることで，物語のおもしろさを幅広く解説できる力を育みたい。その際，おもしろさに順位もつける。同じ内容を選んでいたとしても，順位が違えばそのずれが交流する際の楽しみになるであろうことをねらってのことである。

(3)　感性のずれや共感がさらに「ことばを磨く」（第10時）

　第10時では，完成した「解説シート」を読み合い，単元をふり返る。「解説シート集」としてまとめたものを配布することで，全員の解説シートを読めるようにする。同じ内容を学習していても，おもしろいと感じるポイントや，その順位は人によって違ってくる。共通した内容におもしろさを感じていたとしても，表現の仕方やおもしろさの順位が違うことで，新たなおもしろさを感じ取ることができる。

　感性とは人によって違っていいものである。そうした違いを認められる安心感の中で，おもしろいと感じる内容や表現の違いを認めたり，共感することでさらにおもしろさを強く感じたりすることが，感性的思考をより働かせ，「ことばを磨く」ことにつながると考える。

5　評価の実際

　本単元を通して子どもたちは，感性や論理を行き来しながら物語のおもしろさについて思考し，学びを進めている。単元の初めや終わりの段階においては，両方の思考を働かせつつもおもしろいと感じる感性が重要な役割を果たしている。再三おもしろいと感じる感性を経由して学習を進めること，すなわち論理的に思考した学びを感性的思考へかかわらせることが，学びを深め「ことばを磨く」ことにつながるのではないかと考えている。

（薦口　浩一）

単元名：色から生まれる詩の世界
教材名：「140色の色紙からイメージする」（自主教材）

色から感性を引き出し，詩を創作する

1 単元設定の理由

　国語科で取り上げる文種のうち，最も感性を刺激するのは自由詩だろう。なぜなら，詩は論理的な説明を必要とせずに，省略，象徴，暗示や飛躍などのレトリックを用いて「言葉にできないもの」を言葉で表現しようとするからだ。そこで，感性を生かした国語の学習をつくるために詩の創作に取り組むこととした。詩の表現様式の特徴を「鮮烈なイメージを伝え，特有のリズムをもった文章であり，イメージやリズムを喚起させる，凝縮された言葉選びや文字表現がされているもの」と定義し，学習者の感性を引き出し，また読み手の感性をも喚起することのできる詩の創作を目指す。

　本単元では詩の言葉を引き出すために「色」に着目する。世界は様々な色で溢れている。色は様々な具体物と紐付き，そのイメージとつながるとともに，感情や感覚をも引き出す。赤は暖かさや情熱を，青は冷静さや爽快さを，など，色には連想性，象徴性がある。そこで，学習者が「色」と出会い，その色のイメージから詩の言葉を紡ぎ出す授業に取り組むこととした。

2 単元の目標

（知・技）　(1)オ　詩の表現で活用されている，比喩・反復・倒置，体言止めなどの表現の技法を理解し，使うことができる。

（思・判・表）　B(1)イ　色から生まれたイメージを焦点化し，詩の表現様式を生かして構成や展開を考えることができる。

（学びに向かう力）　色から生まれたイメージを詩に表現にするために，言葉選びを工夫し，解説文を書いて読み手に伝えようとする。

3 単元計画（全5時間）

次	主な学習活動	手立て○・評価◆
1	①「色から生まれた詩」を鑑賞する。 過去の生徒作品を読み，一番惹きつけられた詩の表現を分析する。 惹きつけられた詩を全体で共有する。	○タブレットとロイロノートを用い，共有や書き込みをする。 ◆表現技法をとらえている。
2	②好きな色を選ぶ。 ③色からイメージを引き出し，詩の言葉につなげる「制作メモ」を書く。 ※「制作メモ」の内容 ❶この色に付けるオリジナルな名前 ❷この色を選んだ理由 ❸詩の構成 ❹タイトル（仮でもよい） ・詩を創作し，色紙の上に貼る。	○140色の色紙を用意し，好きな色を選ばせる。 ○製作メモを使ってイメージを焦点化し，構想を考える。 ◆色からイメージを引き出し，それを焦点化して詩の言葉につなげている。
	④自作の詩を読み返し，解説を書く。 ※解説は次のパターンを参考にする。 A　作者と別の人がこの詩を読んで書いた設定 B　読者からのインタビューにこたえる形式で作者が語る。 C　作者自らによる解説	○複数の解説文のパターンを示し，表現を工夫させる。 ◆感性から生まれた詩の表現の意図をとらえ，それを説明している。
3	⑤お互いの作品を読み合う。	○色から生まれたイメージの違いを楽しみながら読み合うようにする。

4　指導の実際

⑴　過去の生徒作品を読み，一番惹きつけられた詩の表現を分析する（第1時）

　詩は色紙（日本色研ベーシックカラー140色）に貼り付けた紙に書いてい
く。まず，生徒に完成作のイメージをもたせるために，以前取り組んだとき
の生徒作品を十作品選び，
タブレットでロイロノー
トというアプリを使って
生徒全員に配信し，読み
合った。

　生徒は一番惹きつけら
れた作品を一つ選び，そ
の詩の魅力や表現技法な
どの工夫を分析する書き
込みを行い，全体で共有
した。（図1）

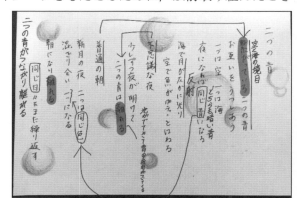

図1　生徒の分析の書き込みが入った作品

⑵　色からイメージを引き出し，詩の言葉につなげる「制作メモ」を書く
（第2・3時）

　生徒は140色の色紙の中から好きな色を選び，そこから生まれたイメージ
を詩にしていく。まず詩の創作に取りかかる前にイメージを焦点化し，詩の
構成を考えるために「制作メモ」（図2）を使って構想を考えた。詩の創作
は，選んだ色の「オリジナルな名前」を付けるところから始め，例示されて
いる複数の構成案を参考にしながら，全体の構成を考えていく。

　詩の下書きでは「詩に使えそうな発想・表現リスト」を提示した。このリ
ストは，ユニークな着眼点・言葉のリズムを整える・言葉の順番や文末を変
えてみる・イメージを喚起する・五感で表現・読者にうったえる・文体を変
えるなどを例示し，生徒がもっているイメージから具体的な詩の言葉につな
げていくための切り口となるようにした。

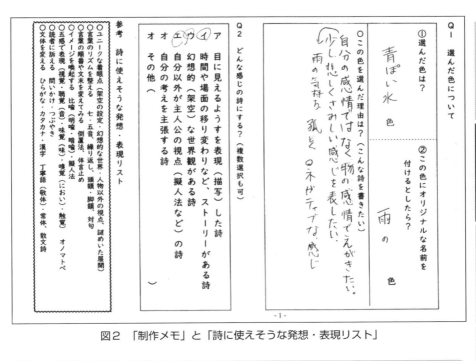

図2 「制作メモ」と「詩に使えそうな発想・表現リスト」

指導のポイント

　140色の色紙の中から選んだ色で詩を創っていく。ほとんどは赤や青などの原色ではなく，様々な色が混じり合う，一言では表現できないような色彩である。その色とじっくりと向き合い，感性でとらえた上で，その色だけのオリジナルな色名を名付けていく。こうして色から言葉が引き出されていく。

(3)　自作の詩を読み返し，解説を書く（第4時）

　生徒が下書きを考えている中を教師は机間指導をしていく。発想がなかなか広がらない生徒や，詩の表現に困っている生徒に対して，色からどんなイメージが生まれてきたか，なぜこの色を選んだかなどを問いかけ，生徒が表現したい雰囲気のものに近い，過去の生徒作品を参照させるなどして支援を

した。

　完成した詩は自分が選んだ色と一緒に味わえるように，Ｂ５の色紙にＡ５の用紙を貼り付けて仕上げた。イラストを描き加えるなどして工夫する生徒もいた。Ａ５判という限られたスペースでの創作なので冗長な表現は

図３　色紙に貼り付けられた生徒の作品

避けなければいけない。ぎりぎりに言葉を削って推敲していた。（図３）

　　詩を書き上げたら読み返し，自作の詩の解説文を書く。感性から生まれた詩を，論理で読者に分かりやすく伝えていくことになる。解説を書くことで，制作の意図や思考や発想のプロセスをふり返ることができるようにした。

※図３「複雑な気持ち」の作者の解説文から（記者と作者のインタビュー形式）

記者：最後の「たくさんの気持ちの色が混ざって濁っていくー」という表現についてですが，「たくさんの色が混ざる」のならば黒色やグレーのイメージなのですが，なぜ，そのベージュがかった赤紫のような色にしたのですか。

作者：そこが重要なポイントです！　きつい言葉を言われて濁っている気持ちもありつつ，心の中にしまいこんでしまう，甘くてゆるい，許してしまう気持ちもあります。私の選んだ色は一見濁ったように見えますが，どこか甘い色にも見えますよね。そのような不思議で，複雑で，一言では言い表せないような気持ちを詩で表したいと思いました。

　　上記の生徒は，ベージュがかった赤紫のような色を選択し，そこから「複雑な気持ち」を想起して詩を表現した。ベージュという中間色は「一見濁ったように見えるが，甘い色にも見える」。その色彩の魅力によって「不思議で，複雑で，一言では言い表せないような気持ち」という感情を引き出し，その感情のもつれ合いを，詩の言葉として表現した。

　　このような作者の意図は，この解説文を読まないことには他者は知ること

はできない。感性でとらえた心の声を引き出す手立てとして，解説を書く言語活動が効果的に機能していることが，前記の解説文の記述からうかがえる。

> **指導のポイント**
>
> 　「感性」で思うがままに広げたイメージは，そのままでは他者と共有することは難しい。そこで「解説文」の形で他者に説明する「論理」を活用していく。その「論理」を導き出す手立てとして，複数の解説文のパターンを例文とともに示した。
>
> 解説文のパターン
>
> Ａ　作者と別の人がこの詩を読んで書いた設定で解説する
>
> Ｂ　読者からのインタビューにこたえる形式で作者が語る
>
> Ｃ　作者自らによる解説
>
> 　複数のパターンを示すことで，詩の表現に込められた作者の意図を生徒自身の手によって自然と引き出すことができるようにした。

5　評価の実際

　感性から詩の言葉へと至るプロセスで活用される国語の力を見とっていくことが本単元での評価の眼目となる。知識・技能は１時間目の詩の分析や創作した詩から，思考・判断・表現や，学びに向かう力は「制作メモ」「解説文」と，創作した詩の表現とのつながりからみていく。

　詩の表現様式の特徴である「鮮烈なイメージを伝え，特有のリズムをもった文章であり，イメージやリズムを喚起させる，凝縮された言葉選びや文字表現がされている」かどうかという観点で，生徒作品や制作メモ，解説文の記述から豊かな学びが見られたものをボトムアップ式に要素を取り出し，そこからルーブリックを生成して，最終的な評価をした。

（渡辺　光輝）

イメージの形成と「感性的思考」をつなぐ

1　「イメージ」の形成

　深川明子は，「イメージ」を「外界からの刺激による知覚像と抽象的な理念，概念との中間に存在する表象作用」[注1]と規定する。文学テクストを教材にした学習指導では，学習者が思い浮かべた「知覚像」と「抽象的な理念，概念」の中間に位置する最初の「イメージ」を，いかに形成させ，それを解釈・鑑賞につないでいくかが鍵となる。「イメージ」の形成には，個々の学習者の「感性」が深くかかわる。指導者は，学習者が「感性」を働かせて抱いた「イメージ」が「感性的思考」として深まるのを支援し，さらに，「論理的思考」を呼び起こさせつつ，概念化，論理化に向かわせていくことで，それぞれの学習者の解釈の成立を支えることになる。

　初発の読みでは，学習者がそれぞれの「イメージ」を形成できることが重要となる。指導者には，導入に配慮し，テクストの特質や学習者の実態にふさわしいと思われる読ませ方を工夫して，待つことが求められる。指導を急ぎ，指導者の読みに基づく方向付けを早くから行ってしまうと，「イメージ」の形成は損なわれ，「感性」・「感性的思考」を働かせて読む力も育たない。

2　読書行為における「イメージ」の形成と映像体験の相違

　かつて読んだ小説が映画化されたものを見て，どこか違うと感じたことがある人は少なくないだろう。これについてW．イーザーは，「まず映画は視覚的で，知覚に対する対象が与えられて」おり，「確定的であるからこそ」，「失望感が生じる」とする。これに対し読書行為においては，「知覚の場合と異なり，それ自体としては存在しない想像上の対象のイメージが作り出され

る」，「非在の対象のイメージをもつことによって，同時に表象世界の中にいることになる」という。さらに，「小説の映画化を見たときの失望の原因」には，「人間のもつ能動性が奪われる」ことがあると指摘する。^(注2)

文学テクストを読むという行為は，能動的に自分の「イメージ」を作り出す営みであり，だからこそ読み手は，テクストの世界に深く入っていくことができる。「確定的」な映像を受け取る映画鑑賞という行為とは異なり，読書行為においては，読み手は，文字テクストに主体的・能動的に対峙し，自らの「イメージ」を紡いでいくのである。その過程で「感性」・「感性的思考」が活性化され，「論理的思考」ともつながりながら，「イメージ」の更新を繰り返しつつ，解釈を確定させていくことになる。

3　教室における他者との「イメージ」の摺り合わせから解釈へ

教室における読むことの学習と通常の読書体験との大きな違いは，教室では，他者との対話を通して「イメージ」の摺り合わせが行われ，それが初発の読みを揺さぶり，その更新や深化を求め，読みを高めていくことにある。

開かれた文学テクストは，読み手の主体的な働きかけに応じて，多様な「イメージ」を喚起し，異なる解釈を可能にする。教室で他者と共に読むことで，学習者は，それぞれの読みをぶつけ合い，摺り合わせる。これによって，視野が広がり，自らの抱いた「イメージ」とそこから導かれた解釈が見直される。ここで授業者に求められる役割は，他者との対話，「イメージ」の摺り合わせを，「十人十色」や「みんな違ってみんないい」で終わらせないようにすることにある。互いの読みとその根拠を開示させ，検討させ，必要に応じてテクストに立ち返らせつつ，より妥当で深いと多くの学習者が感じられる一つの，あるいはいくつかの教室の読みを，学び合いの中で見出していく，ここに教室で文学テクストを読むという営みの醍醐味がある。

（植西　浩一）

（注1）日本国語教育学会編（2001）『国語教育辞典』朝倉書店，p.17
（注2）W. イーザー著・轡田収訳（1998）『行為としての読書　特装版』岩波書店，pp.239-244

2 単元名：スイミーを読んで心に残ったことをお家の人に伝えよう
教材名：「スイミー」（光村図書上）

「すきな一文」から感性を伝え合い読み深める

1 単元設定の理由

　「スイミー」は，挿絵が美しく，文章に特質があり，どの場面の文も短く，比喩表現・倒置など，印象的・魅力的で学習者が好きな文がそれぞれに分かれると考えられる。

　そこで，全文を拡大して，どの文が気に入ったのかを始めに聞き，その拡大した模造紙にシールを貼って，付箋に理由も書くことにした。

　この手立てを行うことで，一人一人の読みが，教師や他の学習者にも一度に分かる。同じ一文に着目しても，なぜその一文が気に入ったのか，理由が異なる場合がある。学習者が感性的に選んだ一文に着目して，理由を伝え合ったり，行動を動作化したりすることで，場面の様子や登場人物の行動を具体的に想像し，始めとは異なったものの見方ができるようになった事例を取り上げる。

2 単元の目標

（知・技）　(1)オ　感想を表す言葉を文章の中で使うとともに，例えを表す言葉があることに気付き，語彙を豊かにすることができる。

（思・判・表）　C(1)エ　場面の様子に着目して，スイミーや他の登場人物の行動を具体的に想像することができる。

（学びに向かう力）　スイミーや他の登場人物の行動について考えをもち，伝え合い，考えを深めようとする。

3 単元計画（全10時間）

次	主な学習活動	手立て○・評価◆
1	①「スイミー」の範読を聞き，物語の大体を理解し，好きな場面を選ぶ。 ・スイミーのお気に入りの一文を見付けてシールを貼り，付箋に理由を書く。	◆範読を聞き，物語の大体を理解し，好きな場面を選び，理由を書くことができる。 ○全文拡大の紙を貼っておく。
2	② pp.64-65を読み，スイミーやスイミー達の暮らしを想像する。 ③ pp.66-67を読み，つっこんできたマグロの様子を動作化し逃げたスイミーの気持ちを想像する。 ④⑤ pp.68-69を読み，スイミーが出会った生き物や様子や元気を取り戻したスイミーの気持ちを想像する。 ⑥ pp.70-71を読み，「いろいろ」「うんと」考えたスイミーの気持ちを想像する。 ⑦ pp.72-73を読み，大きな魚を追い出したスイミーの気持ちを想像する。	◆言葉や文に着目して，場面の様子や登場人物の気持ちについて，想像を広げながら読み取っている。
3	⑧⑨⑩物語を読んだ感想と，その理由を自分の気持ちを表す言葉を選んで書く。 友達の感想を読み，伝え合う。お家の人に感想を伝える。 学習をふり返る。	◆物語を読んだ感想を，どこを読んでその感想をもったのか，明らかにしている。

4 指導の実際

(1) 個性的なものの見方を交流することで読みを深める（第3時）

２場面の「にげたのはスイミーだけ。」（p.67, Ｌ５～Ｌ６）という一文に二人の学習者がシールを貼った。理由は「スイミーはなかまをおいて一人でにげたところが, なかまをおいてさびしくないのかな。(N)」「スイミーは, かしこいと思いました。(I)」とあった。選んだ文は同じでも, 異なる理由を書いた。この二人のスイミーに対する見方を取り上げた。

教師	みんなも, こんなとき, 悲鳴を挙げたりするよね。赤い魚たちは一匹残らず飲み込まれてしまったんだよね。では, ここを読んでください。（板書をして, 指さす。）「にげたのは　スイミーだけ。」
子供	「にげたのは, スイミーだけ。」
教師	さて, スイミーについてどう思いますか。書いてください。（時間の経過）発表してくれる人。
Ｔ	<u>スイミーすごいぞ。</u>①
Ｉ	スイミーの仲間が可哀そう。
Ｋ	<u>スイミーが賢い。</u>②
Ｉ・Ｈ	<u>スイミーは頭がいい。</u>③
Ｈ	<u>スイミーが可哀そう。</u>④
子供	<u>どういう意味。</u>※
Ｉ	<u>一人だと可哀そうだから。</u>※
子供	確かに可哀そう。
Ｎ	<u>スイミーは一人で寂しくないの。</u>⑤
Ｔ	賢い上に, 誰よりも泳ぐのが速いんだよね。これも, 書いてくれた人いたよね。だけど, すごいなと思う見方もあるけれど, 一人になっちゃったんだよね。

発問は「スイミーについてどう思いますか。」である。この問いは, 個人の思いや考えが表出しやすい問いである。なぜなら, 「スイミー」になって考えるのでも, 「赤い魚」になって考えるのでもなく, 自分がスイミーについてどう思うかだからである。

プロトコルの①②③は, スイミーのことを称賛している考えである。これは, 前の時間で読み取った「およぐのは　……　はやかった。(p.64, Ｌ４)」という一文や, 一匹だけ違う方向に逃げていく様子から（挿絵), 「すごいぞ」「賢い」「頭がいい」などという感想が出たと思われる。

一方で「可哀そう」「寂しくないの」④⑤は, 一人ぼっちになったスイミーに視点を置いている。④の発言があったとき, なぜスイミーが可哀そうな

のか分からず，学習者の間でどういう意味か尋ねる声が上がった。（プロトコル※より）「一人だと可哀そうだ。」という理由を述べた。「一ぴきのこらずのみこんだ。」（p.67，L 3 ～L 4）という，文章をとらえ，スイミーに思いを寄せてた感想である。

　また，この感想は後述の「スイミーはおよいだ。……とてもかなしかった。」（p.67，L 7 ～L 10）からも出てきやすい。

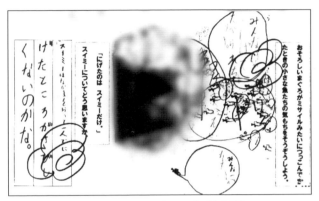

図　2場面のワークシート（第3時）

　他の学習者の変容を，ワークシートから考察する。

「にげたのはスイミーだけ。」スイミーについてどう思いますか。		ふり返り（伝え合った後）
S：スイミーはかしこい。	⇒	○スイミーはひとりぼっちだけど，スイミーだけは，たべられなくてよかったです。
F：とてもはやい。にげるときもはやかった。	⇒	○スイミーはとてもはやいけれど，一人になってとてもさみしい気もちになりました。
T：さびしそう。	⇒	○スイミーはにげられて，すごいなとおもいました。
K：スイミーはかしこいと思う。だって，スイミーは一人でにげたんだ。でも，ほかの魚をおいてにげたのはずるい。	⇒	○スイミーがかわそうだ。赤い魚もひっしでにげたらしいけれど，まるのみにされてしまった。

第2章　「感性的思考」と「論理的思考」を生かした学習指導プラン　**89**

S，Fは，プロトコルの①②③と同じ，スイミーの能力に着目して，スイミーを始めは称賛している。そのふり返りでは，「一人ぼっち」「一人」になってしまった記述があり，もう一方の見方ができたと言える。

　Tは，始めは1匹だけになったスイミーに思いを寄せており，プロトコルの④⑤と同じであったが，そのふり返りでは，「逃げられてすごい」と記述している。これも，もう一つの見方について考えられたと言える。

　Kについて，スイミーは賢いが「ほかの魚を置いて逃げたのはずるい。」と，自分の気持ちを込めた記述が，話し合い後，「スイミーが可哀そうだ。」というもう一つの見方が考えられただけではなく，赤い魚たちのことも想像して考えられている。

指導のポイント

　学習者が着目した好きな文・言葉を教師が取り上げるとともに，その理由を問い，その多様性を全体で伝え合わせると，学習者は様々な見方をするようになる。

(2)　動作化による理解の深まり（第3時）

　一番多くシールが貼られたのは，2場面の，次の一文である。「おそろしい　まぐろが，……つっこんできた。(p.66，L1〜L6)」理由は，「『ミサイルみたいに』がおもしろいからです。(S)」「ミサイルということばがおもしろいからです。(T)」などである。この，学習者が気に入った文から，イメージを広げた。

　まず，まぐろの大きさを想像した。学習者は，各自両手を広げて表現した。教師が自分の背の2倍はあることを話すとその大きさに驚いていた。

　次に，学習者がスイミーだとすると，まぐろがどのくらいか考えた。サメぐらい，校舎の2階ぐらい，などの様々な予想が出た。スイミーがカラス貝と同じ大きさだとすると，まぐろは，校庭ぐらいだと知ると，感嘆の声が漏れた。

その巨大なまぐろが「ミサイルみたいにつっこんできた（p.66，L5〜L6）」という表現に着目した。「ミサイルってどんな感じ？」と聞くと，やってみたいと次々に手を挙げる。「走っていいの？」と指名された学習者は聞く。「さん，に，いち」という掛け声とともに，指名された学習者が壁から壁へ走る。そして，大きなまぐろがミサイルみたいにつっこんできた様子をみんなで表現した。言葉を動作化することで，場面をイメージしやすくなった。「その結果，どうなったのかな。」「一口でまぐろは小さな魚たちをいっぴきのこらずのみこんだ。」と文章につなげる。「こわい！」具体的な場面の様子をイメージした学習者から出た言葉である。このとき，赤い魚になりきって気持ちを書くことができた。

○うわー，食べられる。○大変だ，はやく逃げなきゃ。○キャー助けて。○逃げろ。食べられる。○まぐろだ！こわいよ。逃げなくちゃ。どうしよう。食べられちゃう。

指導のポイント

　教師が，登場人物を日常生活にあるものに置き換えて表したり，その動き動作化をさせたりすることで，学習者が物語の世界に入り，登場人物になりきって考えるようになる。

5　評価の実際

　好きな一文や，初発の感想には，学習者一人ひとりの感性が表れている。そう考えた理由やその記述はどこかなど自分の考えを伝え合うことで，場面の様子や登場人物の気持ちをより豊かに想像でき，一人ひとりの考えが深まる。また，動作化したり，日常生活にあるもので表したりすることで，感覚的にその動きや様子が分かる。　　　　　　　　　　　　　（矢野　薫）

3 単元名：対話の中から
教材名：「おにたのぼうし」（三省堂）

文学対話を通して，読みを深め合う

1　単元設定の理由

　対話を通して，他者の声を聴き，自己の考えと照らし合わせることで，物事を多面的・多角的に見た考え方を育てたいと考えている。そのため，文学的文章を叙述に即して読むことに加え，本質的な問いをめぐって自分の経験を出し合って対話する時間を設け，これを「文学対話」と呼ぶこととした。「文学対話」では，机なしで椅子だけで全員で輪になり，メモを取らず，仲間の話を聴くことに集中する環境を設定した。対話の手法は，「てつがく対話」[注1]を参考にした。

　叙述に即して読むことと，自分の経験を出し合いながら本質的な問いを考えることの両方を通して，作品をより身近に，深く感じ取り，読みを深め合っていきたい。文学的文章を読むことが，自分の生きることにかかわってくる大事なことという実感を，子どもたちが仲間と学ぶ中で得られたらと思う。

2　単元の目標

（知・技）　(2)ア　考えとその根拠となる叙述を結び付けながら読める。
（思・判・表）　C(1)カ　「文学対話」を通して，文章を読んで感じたことや考えたことを共有できる。
（学びに向かう力）　対話のことばを通じて自分のものの見方や考え方を広げ深めようとするとともに，伝え合うことで他者の考えを発展・深化しようとする。

3 単元計画（全14時間）

次	主な学習活動	手立て○・評価◆
1	(1)学習の見通しをもつ。 ①題名を読む。 　全文を読み，初めの感想を交流する。 ②節分や鬼について，経験を共有する。 　文学対話1「鬼はなんで悪い者扱いされるんだろう。」 ③問いを立て，学習の見通しをもつ。	○子どもたちと作った問いで，随時，文学対話をする。 ◆学習の見通しをもち，内容や題材に興味をもっている。
2	(2)問いを基に，話し合いながら読み深める。 ④おにたの人物像を中心に読む。 ⑤女の子の暮らしぶりやお母さんとの関係を中心に読む。 ⑥文学対話2「鬼は人間世界にいてもいいのか。」 ⑦女の子にごちそうを持ってきたおにたの気持ちや行動を中心に読む。 ⑧文学対話3「自分を分かってくれていない人のことを助けられる？」 ⑨豆まきしたいと女の子が言ったことを聞いたおにたの気持ちを中心に読む。 ⑩黒豆を残して消えたおにたについて読む。 ⑪女の子がおにたを神様だと思った理由を中心に読む。 　女の子とまこと君の豆まきの対比を読む。	○おにたと女の子の気持ちグラフを作り，おにたと女の子の気持ちの同調や乖離を読み取る。 ◆叙述や経験を基に，考えをもち，表している。
3	(3)学習をふり返る。 ⑫題名をあらためて読む。 ⑬物語を一文で表す。 ⑭文学対話4「人は，なぜ，恥ずかしがるのだろう？」	○物語を一文で表し，読みとったことをまとめる。 ◆話し合ったことを基に，読み深めている。

4 指導の実際

(1) 対話の中から問いを作り，「鬼」をとらえ直す（第1・2時）

　第1時に，全文を読み終わった後，感想を書き，交流した。本文で心に残ったことを，自分の日常の経験や読書経験と照らし合わせて感想を述べた。

```
国語 第1時 感想の交流                              ＊Cは子どもをあらわしている。
C1：お姉ちゃんが大きくなったら鬼は怖くないって言っていたのが，今年の節分で本当にそうだと思っ
     た。弟は泣いていたけど。
C2：最初，女の子…。最後に女の子が，鬼は悪いと思っていることが分かった。おにたはちがって，優
     しい鬼。（略）
C7：おにたが「鬼は外」と言われてかわいそうだ。
C8：女の子が「鬼は外」って言っていた。おにたは本当の鬼で人間…。あの男の子は絶対神様って思っ
     ているのに。女の子は，鬼はいい人って思っているんじゃないかな。大人とかみんながやっている
     から「おにはぁ外，福はぁ内。」ってやっているだけじゃないかな。
C10：おにたは優しい，鬼なのに。人間は，鬼は怖い。女の子に優しいことをしようとしていて，おにた
     は人間に幸せになってもらいたいのかなと思った。
C11：C3ちゃんみたいに，怖い鬼かなと思ったけど，鬼といってもおにたみたいに優しい鬼もいるんだ
     な。
C12：私の中では，豆まきで「鬼はぁ外。」～「泣いた赤鬼」もかわいそうだった。
C9：なんで鬼って，悪者扱いされるんだろう。
C8：それ，「文学対話」で考えたい。
C（口々に）：やりたいやりたい。「文学対話」で。
C9：そう，それ！「文学対話」！（略）
```

　対話が進む中から，鬼は悪いと考える一般的な考えと，子どもたちが受け取ったおにたの優しさの対比が浮き彫りにされ，「なんで鬼って，悪者扱いされるんだろう。」（C9）という素朴な問いが湧き上がってきた。他者の話を受け取り，自分の読みや経験と照らし合わせ，共感したりそれはどういうことだろうと疑問に思ったりすることで感性的思考を引き出し合っていたと言えるのではないだろうか。

　第2時の「文学対話」では，対話の中から鬼の怖さや悪さを人が創造したものととらえている子どもたちの実態が浮かび上がってきた。これは，あまんきみこさんが『おにたのぼうし』^(注2) の「おわりに」で書いた「文明の発達とともに，オニの魔力威力も，地におちました。どうも，このごろのオニは，帽子をかぶりたがっている気がします。」と重なるものがある。^(注2)

```
第2時　初めの問い「鬼はなんで，悪い者扱いされるんだろう。」（略）
C8：私は昔お兄ちゃんが絵本を読んで読み聞かせしてくれていて，すごく怖いのとかも出てきた。でも，
     a鬼が怖いのは，みんなが怖いって言ったり節分で「鬼はぁ外。」ってしたり，慕っている大人が
     鬼が怖いと言っているから怖いって感じるのかな。
```

C12：お母さんとかは怒ると鬼みたいだし，b 絵本とかにも鬼って悪いイメージで人間を苦しめるものって書かれている。

T　：怒ると鬼みたいというのは，どういう感じ？

C12：真っ赤で燃えている感じ。(略)

C7　：c 私は，絵本でお母さんが『桃太郎』とかを読んでいくと，「鬼が悪いなあ」と思ってきたり，鬼退治に行くと書いてあると鬼が悪いからだなと分かっていく。

C13：C8さんとC2さんに似ているんだけど，鬼を本当には見たことはないけど，誰かさんのイメージとか想像でできて，d 昔話とかで怖いっていうイメージができて，みんながそれを読んで，有名になって鬼が悪いと思っていくのだと思う。(略)

　a＿＿は，鬼という存在や鬼が悪い者であるという通説が伝承の文化であることへの気付きといえる。それに触発されたb＿＿，c＿＿，d＿＿は鬼は悪い者ということが本を通して受け継がれていく考え方であるという気付きである。これらの気付きは，問いによって自分の経験が引き出され，対話で互いに考えを触発し合いながら生まれたものといえる。

　文学対話を経て，このような鬼への客観的なとらえができたことで，伝承文化によって女の子は鬼を悪い者だと考えているという前提に立ち，子どもたちは本文を読むことになった。すると，いたずらに女の子を非難するのではなく，どうしようもなさの中にある登場人物としての読みが生まれた。

指導のポイント

　文学対話を随時取り入れることで，分かったようで分からない，「それってどういうこと？」といった感性の表れとしてのひっかかりについて，子どもたちなりの現在の考えが新しく形成される。そして，それらが本文に関心を深くもって読むことにつながっていく。教師は，子どもたちが結論を急いだりことばを曖昧なまま使ったりしていないか注意深く対話の流れを見守り，ことばが足りないところには確認の質問をしたい。

(2)　二つの表現を対比して読む（第9時）

　第5場面，女の子の「あたしも，豆まき，したいなあ。」へのおにたの二つの反応，「とび上がりました」と「手をだらんと下げて，ふるふるっと，悲しそうに身ぶるいし」の間に違いがあることに子どもたちが気付いた。

第9時　（略）

C14：213頁2行目で「だって，鬼が来れば～」。e 女の子は，おにたが鬼だということを知らないけれど，f 女の子が鬼のことをそんなふうに思っていることがショックだった。女の子が言った通りにご馳走をあげていたから女の子は感謝していたと思う。

C 8：212頁12行目「とびあがりました」で最初はびっくりした。213頁3行目で「手をだらんと下げて，ふるふるっとみぶるい」で悲しいなと思った。

T　：「とびあがりました。」と「手をだらんと下げて～」と二つ出てきましたね。

C15：跳び上がる程，ショックを受けていて，g 言われると思っていなかった。期待を裏切られたというようなショックだった。

T　：おにたがどんな期待をしていたと思う？

C15：女の子はお腹空いていたから，感謝していると（おにたは）思っていた。h その女の子は，おにたが鬼だということを知らずに。

C16：213頁3行目「手をだらんと下げて～」おにたは，せっかくごはんを持ってきて，女の子の喜んだ顔が見えて嬉しかったのに，女の子のことばにショックだった。言うか言われないか分かんなかったっていうか，言われたことないこと言われたからショックを受けた。

C17：C16ちゃんと似ているけど212頁9行目「もう，みんな，豆まきすんだかな」では i びっくりっていう，いきなりされて驚く感じ，213頁2行目「だって，鬼が来れば，きっとお母さんの病気が悪くなるわ。」のときは，ショックと言えばショックだけど，j つらくて悲しいっていうショックで，ショックの種類が違う。（略）

　話し合いの後の子どもたちの考えの記述より抜粋「おにたは，きっと女の子の家に豆がまかれていなかったから豆まきはしたくない，鬼はいいと思っている女の子だと思っていたからとってもショック。」「女の子は，おにたが鬼だったって知っていたら，そんなひどい事は言わなかったと思う。」

　子どもたちは，語り手と共に，おにたのさらに上から女の子を見てきて，e ＿，h ＿のように，女の子がおにたから見つめられていることも，おにたが鬼だということも知らないことも読み取っている。また，文学対話を経た子どもたちは，女の子が伝承文化の影響により鬼を悪い者だと考えているのであって，そこにおにた個人への何らかの意図はないことを知っている。そして，同時に，それらのことをおにたが知らないことも知っている。これらをベースとして，二つのおにたの反応を比べ，女の子の喜びの記述を根拠にして，おにたの気持ちを読み取ろうとしている。それは，「豆の匂いがしない」，「ひいらぎもかざっていない」，おにたにとっての「いいうち」に住んでいる女の子が，「あたしも豆まきしたいなあ。」と言ったときのおにたの気持ち（g ＿，i ＿）。そして，追い討ちをかけるように「だって，鬼が来れば，きっとお母さんの病気が悪くなるわ。」と女の子が言ったことで，女の子は「鬼は悪いって決めて」いない子なのではないかという期待が裏切られたおにたの気持ち（f ＿，j ＿）である。このようにしておにたの悲しみをとらえたことで，次時以降，黒豆を残して消えたおにたについての読みを深めた。

> **指導のポイント**
>
> 　二つのおにたの反応について，３年生の子どもたちは，初めの段階では，受けた印象を感性的にとらえて，違うと感じている。話し合いの中で，記述を根拠にして，その違いを確かなものにしようとしている。このような，感性的思考と論理的思考とが合わさって，深まるところをとらえたい。

5 評価の実際

　単元の初めと終わりに物語を一文で表す活動を設定することで，子どもたち一人ひとりの読みの深まりや視点の変化を見とった。

　ある子どもは，単元の初めの段階では，「おにたが女の子によって楽しい豆まきをした話」とし，おにたの様子を読み取れていなかった。しかし，読みの学習を重ねて，おにたが一生懸命に，夢中で女の子のために行動したことを理解し，まとめの段階においては「おにたが努力して，女の子を助けた話」とした。

　また，単元の初めに「おにたが女の子のある言葉で消えてしまった話」と文章を読み取っていたある子どもは，読む過程で，おにたが２回，女の子の願いをかなえたことに気付いた。そして，おにたが消えてしまった一方で，（さっきの子は，きっと神様だわ。そうよ，神様よ……。）（だから，お母さんだってもうすぐよくなるわ。）という希望を女の子にもたらしたことを読み取り，「おにたが女の子の言ったことをかなえたため，女の子は神様がついていると安心できた話」と表現した。

　短いまとめの一文の中に，子どもの読みや学習の履歴が表れている。

（藤枝　真奈）

〈参考文献〉
(注１)　お茶の水女子大学附属小学校・お茶の水児童教育研究会編著（2019）『新教科「てつがく」の挑戦―“考え議論する”道徳教育への提言』東洋館出版社
(注２)　あまんきみこ（1969）『おにたのぼうし』ポプラ社

4　単元名：友達と力を合わせて「ごんぎつね」を読もう
　　教材名：「ごんぎつね」（光村図書下）

「○○なごん」の「○○」を吟味する

1　単元設定の理由

　小学4年生の児童が「ごんぎつね」を一読したとき，多くが「ごんがかわいそう。」という感想をもつ。まさしくこの感想が「感性」でとらえた一番初めの読みであると考える。「ごんぎつね」の授業では，ここからごんの行動や気持ちを丁寧に読み深めていく過程の中で，「ごんはかわいそうなだけではない。」「もしかしたら幸せを感じていたのかもしれない。」と変化させていくことが多い。

　本実践でも，基本の展開は同じである。しかし，児童が自由に感性的思考を発揮し，それを指導者が見取ることができるように，グループでの学習に主におき，児童が主体的に読みを深めていく授業展開を考えた。感性的思考でとらえた読みを論理的思考で確認したり修正したりすることで，再度，感性的思考を働かせて新しい発見する姿が出現すると考えた。演繹法的な授業を行うことで，児童の読みの深まりや注意深く言葉に向き合う姿を見とることを目的とした。

2　単元の目標

（知・技）　(1)オ　様子や行動，気持ちや性格を表す語句の量を増やせる。

（思・判・表）　C(1)エ　ごんの気持ちやその変化，性格，情景について，叙述を基にとらえ，具体的に想像することができる。

（学びに向かう力）　「ごんぎつね」を読んで，ことばが伝える豊かさに気付き，自分の読みや考えを伝え合おうとする。

3 **単元計画（全10時間）**

次	主な学習活動	手立て○・評価◆
1	①全文を聞き，「ごんがどんなきつねか」を考える。	◆「○○なごん」を一つ以上とらえて書いている。
	②③ごんのとらえ方によってグループに分かれ作品を読み，カードにまとめる。(1)	○グループは3人構成を基本とする。 ◆叙述を根拠にごんの行動や性格を読み取り，カードに書いている。
	④グループの話し合いの結果を発表し，共有する。	◆友達の読みを理解して，ノートに記録している。
	⑤⑥前時の発表を見直し，関係付ける。（話し合い） ・クラスの読みをもとに，1から5場面を読み直す。	○修正，加筆が分かるように，赤ボールペンを使用する。 ◆友達の読みと自分の読みを結び付けることを意識して，ノートに記録している。
	⑦⑧最後の場面を読み深める。ごん，または兵十の気持ちを想像してカードに書く。 ・グループに分かれてカードを交流して，話し合う。	◆今までの学習をもとにごんや兵十の気持ちを想像する。 ◆個人で書いたカードをグループ内で見合い，内容の見比べをしている。
	⑨グループ意見をまとめて全体に紹介し，話し合う。(2) ・全体の話し合いをもとに，再考する。一人で全文を音読する。	○ごんと兵十の思いのすれ違いや共通点に注目させる。 ◆物語全体をとらえてごんや兵十の思いについて自分の言葉で表現している。
2	⑩新美南吉の他の作品に触れる。	◆新美南吉の作品を楽しんで読んでいる。

4 指導の実際

(1) 四つのごん像から同じものを選択した児童同士でグループを作る（第2・3時）

　選んだごん像の根拠となる叙述をカードに書き込み，友達と照らし合わせながら話し合った。話し合いで考えが変わると赤ボールペンで修正をした。

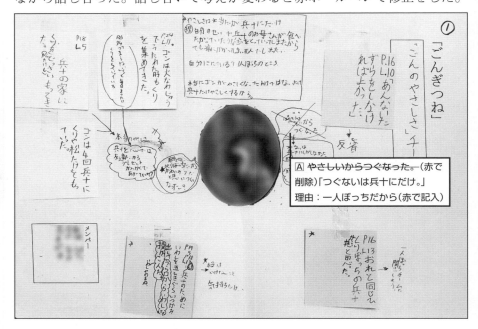

〈児童のノートの記述から〉下線，囲みは下田
　やさしさは本当だが，兵十のお母さんが食べたがっていたうなぎをとっていってしまったから，病にかかってしまって死んでしまった。兵十は自分に（ごんに）にている？　一人ぼっちのところ。本当にごんがやさしいわけではない。だって，兵十にだけやさしくするから。

　叙述からごんの「やさしさ」を探していく中で，上記のようにメモをしていた児童が中心となり，グループの疑問として発展した。指導者がその様子を見とり，どうすると納得ができるか話し合うように促した。その結果，「やさしいごん」から「つぐなうごん」に変更することとなった。（児童シートAの記述となる。）第1時で「どんなごんか」を考えるときに，「つぐなう

ごん」は候補の一つだったが,「やさしい」と同じだとして却下されたごん像であった。このグループによって改めて出された「つぐなうごん」は,第1時で出されたことばと同じではあるが,「やさしい」を経由した「つぐなう」は,児童のとらえ方の深まりが違うと考える。このグループは,グループでの読みを発表する第4時で,理由と共に変更をクラス全体に報告し,クラス全体の承認を得た。他の「やさしいごん」グループも「つぐなう」に変更したいと話し合いは進んだ。この学習を以下のようにとらえる。

「やさしいごん」(一括情的把握・段階の不明瞭な思考過程)(感性的思考)
⇒「ごんのやさしさ」を洗い出していく過程で,違和感をもつ。
　　　(とらえなおし・分析・関係付け)　　　　　　　　　(論理的思考)
⇒ごんは,やさしいわけではないと考えて再読する。
　　　・つぐないの回数やつぐない方を確認する。　　　　(論理的思考)
　　　・ごんの兵十に対する思いを想像する。　　　　　　(感性的思考)
⇒「つぐなうごん」(ものの性質を知ろうとする)　　　　(感性的思考)

指導のポイント

・個人の読みの段階では,自由に考えて記録をするように促すことで感性的思考を活発に働かせる。
・始めの記録は鉛筆で書き,学習過程で変更したり書き加えたりした記録は赤ボールペンで書くことにすることにより,読みの変化を児童も指導者も把握できるようにする。

(2)　**最後の場面における兵十とごんの思いについて考える(第9時)**

　ごんの思いや性格を読み取って児童一人ひとりに「ごん像」ができたところで,ごんが兵十に火縄銃で撃たれてしまう場面について読みを進めた。これまでと同様に,まず自分の読みや考えを書き,グループでも話し合った。グループの話し合いでまとまったことや意見が分かれたことを発表した。黒

板の記録を見ながら，感じること，思うことをクラス全体で出し合った。

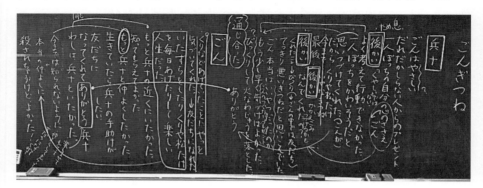

〈話し合いの内容〉

ごんについて

・くりなどを届けながら，ごんは兵十と仲よくなった気持ちになっていたけれど，ごんはもっと兵十と仲よくしたかったと思うから，もっとと入れるのがよいと思う。

・ごんは，兵十にありがとうと思っている。殺されちゃうけど，友達になれて（仲良くなれて・楽しくさせてもらって）よかったと思っている。

・でも，生きて兵十といっしょにいたかったと思う。兵十の近くにいたかっただろう。

・分かってもらわないよりはいいかもしれない。

・兵十が気付いてくれた。⇒兵十が，やっと気付いてくれたとしたい。

兵十について

・兵十はごんに「くりとかをくれてありがとう」と思った。
　⇒ごんのくりは，兵十にとって「心の支え」になっていたと思う。
　　ごんも「友達になってくれてありがとう」と思った。
　　兵十もごんも互いに「ありがとう」と思った。でも，「ありがとう」の内容が違う。

・（兵十の思いについて，「後悔」という言葉を出しているグループがたくさんある。）
　「『くやしい』ではなく，『後悔』だと思う。」「もう，『はぁ〜』っていう感じだよねぇ。」
　の発言に多くの賛同があった。「このお話の後，兵十がその気持ち（はぁ〜という気持ち）
　を抱え込み続けて生きていくかも。」という意見も出された。

・二人の気持ちが通じ合った。

〈「後悔」の読みを深める〉

・うなぎのつぐないでくりをくれていたのに　（殺してしまった）。

　　　　　↓　　　　　　　　　　グループ学習での友達の読み（論理的思考）

・兵十が一人ぼっちになったから，一人ぼっちのごんは兵十と仲よくなりた

くてくりをあげた。

↓　　　　　　　　　　　　　グループ学習での友達の読み（論理的思考）

・後悔しただろう。　　　　　　　一斉での話し合い

・「はぁ」とため息が出る感じ。

　（「後悔」の中身をもう一度自分の言葉で考える。）　　　　　（感性的思考）

> **指導のポイント**
>
> 　児童同士で，賛成したり反対したりする中で思考の深まりが出てくる。指導者は，出された意見を分類しながら記録することを主たる活動とした。自由に意見が言える中で，児童の思考を深めたい。

5　評価の実際

　単元全体については，第9時の最後にごんや兵十に向けた思いを表現した作文で評価した。「読み」の評価なので，文章力ではなく学習して感じたことや変化したことに触れていることを重視した。

> 　兵十がこれでごんみたいに一人ぼっちじゃなく友達をつくってごんが天国でよろこんだら、そしたらわたしもうれしいな。だってごんと兵十が心が通じ合ったしゅんかんをわたしは知っているから。じっくり読んでいくと、悲しい話として感じるのではなく、よかったと思える話に感じられるようになりました。

　文学作品を読み深めるときには，感性的思考が働くことが多い。しかし，言葉で表現されている事柄を読み取り意味付けをしていく過程では，論理的思考も大変重要となる。感性的思考でとらえた概念的，抽象的なことばや読み取りを論理的思考によって確認し深め，自分の感覚にぴったりと合うと感じたり，自分の言葉に置き換えたりする学習をすることが，児童のことばを磨くことにつながると考えた。

（下田　聡子）

5 単元名：出会いと別れ
教材名：「握手」「故郷」（光村図書）

複数教材を関連付けて読む

1 単元設定の理由

　「握手」のルロイ修道士によって語られる言葉は、「わたし」に向けられていると同時に、今を生きていく読者にも向けられている。「故郷」は優れた情景描写が象徴的である。故郷とそこに暮らす人々の変容に着目することで、魯迅のメッセージを読みとることができる。この二つの作品は二十年ぶりの再会と別れを描いている点で共通している。しかし、「握手」をほのぼのしていて親しみやすいと感じ、「故郷」を重く苦しく、難解であると感じる学習者が多い。「故郷」が若い世代に望みを託し故郷を後にするのに比べ、「握手」は死をもって別れるにもかかわらず、「故郷」の方に暗い印象もつ。そこには、季節の設定が「春」と「冬」であること、会話や情景描写が及ぼす効果など、それぞれの物語の特徴がある。そこで、二つの物語を比較し、感性的にとらえた印象の違いとその理由を、論理的に説明させることで、感性的思考と論理的思考の往還を図り、物語をよりよく読むことができると考えた。

2 単元の目標

（知・技）　(2)ア　具体と抽象など、言葉と言葉の関係について理解を深めることができる。

（思・判・表）　C(1)エ　物語に表れているものの見方や考え方の違いを理解し、人間、社会について自分の意見をもつことができる。

（学びに向かう力）　構成や展開、表現の仕方などの工夫を吟味しながら読み、物語における意味を考えようとする。

3　単元計画（全10時間）

次	主な学習活動	手立て○・評価◆
1	①学習の見通しをもつ。 「握手」を読み，感想をもつ。	◆読む構えを作れている。
	②表現の工夫をさぐる。 ・冒頭のしかけに着目して「握手」を読む。 ・「しんみりするところ」と「ほのぼのするところ」に線を引く。	◆冒頭の描写が伏線となっていること等，構成や展開，表現の特徴をとらえている。
	③人物を多面的に描く工夫をさぐる。 ・「捕虜としての過去」，「わたしとの関係」，「上川くんとの関係」，「園児との関係」から，ルロイ修道士の言動を分類する。	◆言動を四つの側面からワークシートに整理してルロイ修道士像をとらえている。
	④課題を見付け，考えをもつ。 「握手」の書評を書く。	◆ものの見方や考え方を理解し，自分の考えを書いている。
2	⑤⑥「故郷」を読んで，考えをもつ。 ・バランスシートを使って「握手」と比較することで，「故郷」の特徴を評価する。 ・みんなで考えたい課題を考える。	◆「握手」と「故郷」を比べて，構成や展開，表現の仕方の違いに気付いている。
	⑦⑧担当した課題について，読みとった事柄を発表をする。	○質疑を通して読みの補足をしていく。
	⑨物語の背景を知り，魯迅が中国の民衆に伝えたかったメッセージを考える。 ⑩「故郷」の書評を書く。 ・中学３年生が「故郷」を読む意義について，自分の考えを書く。	◆「故郷」と「握手」のものの見方や考え方の違いを理解し，人間，社会について考えを書いている。

4　指導の実際

(1)　冒頭のしかけに着目して物語を読む（第2時）

　「桜の花はもうとうに散って…」という設定は，ルロイ修道士が「上野公園の葉桜が終わるころ」亡くなったことと考え併せると，再会したときの病状が重篤だったことを実感させる。

　二人が再会する場所が「上野公園に古くからある西洋料理店」であること，ルロイ修道士がオムレ

冒頭のしかけに着目して物語を読もう！「握手」井上ひさし	伏線	本文
いつごろ	桜の花はもうとうに散って、葉桜にはまだ間があって、	上野公園の葉桜が終わるころ
どこ	上野公園に古くからある	翌朝（東京見物）上野へ着いた　上野駅の中央改札口での別れ
待ち合わせ	ルロイ修道士　わたし　時間どおり　ルロイ修道士より先	フォーク・オムレツ
店内の様子	気の毒になるくらいすいている	律儀　この世のいとまごい　深刻な話をするため
言葉	達者な日本語　昭和十五年の春からずっと日本暮らしだから、年季が入っている	交換船の中止　左の人さし指の爪
カナクギ流のこと	畑いじり	園長であるにもかかわらず…
再会のあいさつ　握手	握手	別れの握手

図1　伏線となっている冒頭の表現

ツを頼むことについても必然性がある。ルロイ修道士の過去を想起させ，たたき潰された「左の人さし指の爪」に着目させるためには，ナイフとフォークを使うオムレツでなければならないのである。また，上野は東北からの窓口である。そのため，高校2年生のクリスマスに天使園を抜け出した「わたし」が上野に着いたこと，ルロイ修道士を上野駅で見送ることと自然にリンクしている。

(2)　感じたこと・考えたことを可視化する（第6時）

　自分の考えをもつというのは，自分自身に自分の考えを説明できることである。初発の感想のような抽象的な感覚は可視化することで，言語化しやすくなる。そこで，バランスシートを使って，「メッセージが内（自分自身）に向いているのか―外（社会）に向いているのか」，「会話が効果的なのか―情景描写が効果的なのか」の観点で，「故郷」と「握手」を評価させた。一つの作品だけでは，特徴をとらえにく

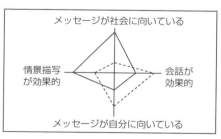

図2　感性的思考の可視化

いが，二つの作品を比較し可視化することで，それぞれの物語の特徴を認識できるようにした。

(3) 自立的で相互尊重の学習環境の設定（第7時）

　意見交換をしたい課題を書かせ，何を根拠にどう考えたかを発表させた。個別課題による個別学習の場面を取り入れることで唯一の発表ができた。「握手」の既習事項を生かして「故郷」を読むことができた。

① 課題の例

> 書き出しについて
> 　・暗，不吉な感じの書き出しの効果。　・書き出しを「握手」と比べる。
> 　・故郷に向かうときと故郷から出ていくときを比べる。
> 比較してみよう
> 　・私とルントウ，ホンルとシュイションという，同じ境遇にある二組を読む。
> 　・私と他の登場人物との関係を会話から
> 　・登場人物の過去と現在
> ヤンおばさんについて
> 　・ヤンおばさんの効果
> 　・ヤンおばさんはなぜ「犬じらし」をつかんで飛ぶように走り去ったのか。
> ルントウについて
> 　・過去のルントウと現在のルントウの私への接し方の違いと共通点。
> 　・「旦那様……。」とはどのような思いか。
> 　・ルントウのせりふに「……」がたくさんあるのはなぜか。
> 　・私とルントウの関係を変えたものは何か。
> 主人公の心情が反映されている景色について
> 　・季節の設定「もう真冬の候であった」←→「紺碧の空に金色の丸い月が懸っている」を対比させる。
> 　・「紺碧の空に金色の丸い月が懸っている」が象徴しているものは何か？
> 　　「希望」について
> 　・最後に私がもった希望とは何か。
> 　・新しい生活とは具体的に何なのか。どうすれば実現するのか。
> 語句や語彙について
> 　・漢語・和語・外来語の割合とその効果
> 　・色の効果
> 　・p.116 L16「悲しむべき厚い壁」p.120 L14「目に見えぬ高い壁」とは何のたとえか。
> 　・寂寥の感，解き明かし顔，やるせない表情，野放図などの言葉の印象

(4) 読みに働く論理的思考と感性的思考（第４・10時）

① 「握手」の書評から

　学習者Ａは，「ルロイ修道士の『死』で終わりを迎える」物語の結末について，それが「悲しみに浸るわけではなく，ほのぼのとした気分であった」と感受している。その理由を，「ルロイ修道士」と「わたし」の二人が思い出を語り合いながら，物語はすすんでいく」構成に求め，「悲しく，思い出すのもつらい話の後に，ルロイ修道士のユニークで冗談のきいた話がくるという形で，ちょうどその二つがうまく打ち消し合っている」からだと説明している。「時には園児を叱ったりする」ルロイ修道士の言動も，「スパイスのきいたルロイ修道士のユニークさが合わさって，物語全体は明るい雰囲気になるのだ」ととらえている。これ

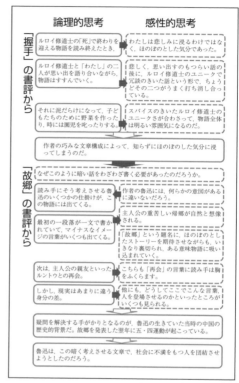

図３　読みに働く論理的思考と感性的思考

らを総括し，「作者の巧みな文章構成によって，知らずにほのぼのした気分に浸ってしまうのだ」と考えをまとめている。論理的に読み取ったことから感性的思考を働かせていることが分かる。

② 「故郷」の書評から

　「握手」がほのぼのとした気分にさせる点と比較して，「故郷」については，「なぜこのように暗い話をわざわざ書く必要があったのだろうか」という疑問から書評を書き始めている。「握手」で物語のしかけを学習したため，「作者の魯迅には，何らかの意図があるに違いないだろう」と感じている。「読

み手にそう感じさせる魯迅のいくつかのしかけ」として挙げているのは，「最初の一段落が一文で書かれていて，マイナスなイメージの言葉がいくつも出てくること」である。この分析には「握手」で学習した物語の工夫をさぐる学習が生かされている。マイナスイメージの言葉が「主人公の重苦しい帰郷を自然と想像させる」と指摘している。また，①「故郷」という題名に，「ほのぼのとしたストーリーを期待させながらも，いきなり裏切られ」ることで「ある意味物語に吸い込まれていく」こと，②「再開」という言葉に「読み手は胸をふくらます」が，「現実にはあまりに違う身分の差」が描かれていること，③「他にも，どうしてここでこんな言葉，人を登場させるのかといったところがいくつも見られる」ことを挙げ，読み手にギャップを感じさせる理由を「魯迅の生きていた当時の中国の歴史的な背景」に求めている。

　これらの分析から，最初に書いた，「なぜこのように暗い話をわざわざ書く必要があったのだろうか」という疑問について，「魯迅は，この暗く考えさせる文章で，社会に不満をもつ人を団結させようとしたのだろう」と結論付けている。

5 評価の実際

　単元「出会いと別れ」において学習者は，読み取ったことや，物語の印象として「直感・感受」したことをもとに，それがどのような効果を与えるか，そのように表現した作者の意図は何かなどについて，感性的思考と論理的思考を働かせて読み進めていた。

　中学校学習指導要領（平成29年告示）では，改善の具体的事項として，自ら課題を設定し，基礎的・基本的な知識・技能を活用し，他者と相互に思考を深めたりまとめたりしながら解決していく能力の育成が重視されている。今回のように，複数教材を比較して書評を書く課程で，感性的思考と論理的思考を働かせて物語を読むとともに，読み手に伝わるように表現し，相手の話を聞いて（読んで）考えを巡らせるような単元を構想することで，思考力・判断力と表現力を循環的に育成することができると思われる。　（大井　育代）

納得につながる「はまりどころ」を探る

1 説明的文章を「読む」──未知を知る喜びを

　大学の国語科授業で聞くと，多数の学生が「説明文を読む授業は嫌い」という。これを変えるには，楽しんで読む授業づくりを学生にも経験してもらう必要がある。説明文授業を楽しくする秘訣は，かみくだいていえば，未知を知る楽しさを経験しながらテクストを読み，教室で話し合うなどの学習活動を充実させることといえる。1章に述べた通り，知る喜び，納得のいく読みを経験してこそ，分かる楽しさを味わえるのだろうし，そこに至る探索や思考，話し合いの苦労も，楽しみと感じられるのではなかろうか。

2 「はまりどころ」を探る教師の技とそれを共有する子どもの技

　小学校教師経験10年目を迎えた年の筆者の授業で，大段落の小見出しについて二つの意見が対立・紛糾したことがあった。公開研究授業前で，かなり事前の教材研究もしたのだが，教師の予想を超える意見が子どもから出た。その場で再度読み直し考えても，意見はまとまらず，教師にも結論が見えなかった。どちらも可能という仮の結論を提示して先へ進んだ。

　この経験は，澤本（2016）等に詳述したが，^{（注1）} 当時の教師用指導書や参考文献は，段落や構成を重視する知見はあっても，解釈が二つに分かれるという指摘は見いだせず，自力で研究する以外方法がなかった。この後の筆者の研究から，この教材は子どもの疑問や興味を引き出す魅力的なものだが，テクストの構造を分析して精読するには課題があることが分かった。教師も教科書会社も研究者も，読みのポイントをはずしていたといえる。1985年の再実践では，新たな研究結果を踏まえたデザインで，充実した授業を実施で

きた。

　授業場面でのポイントをとらえた知を，ショーンは「はまりどころを見つける "finding the groove"」という。^(注2・3)専門家が実践しながら，もっとも適切な対応を見いだす瞬間の対応を指す。大リーグ投手が，打席に入った打者と対峙するときに，投球しながら自分のフォームや球の握り具合を加減して，こことというポイントをとらえることだとする。ここには暗黙的な知がはたらいており，そこで考え・工夫したことを言語化することは難しい例も多いらしい。けれども専門家はその技を使える。授業中の教師は教室コミュニケーションを適切に運ぶ専門家であり，どのタイミングで何を問い，どう受容するかなどを，瞬間瞬間の判断で子どもの状況や授業の文脈を見ながら進む。このときの感性的思考は，はまりどころを探るものといえよう。

　教室での対話においても，発話者はもちろんだが，聞き手が「はまりどころ」をとらえて的確な問いを発することが重要になる。教師は，子どもたちの興味・関心を受けとめ，それに沿いつつ子どもがテクストを的確に読み解き，読みを深めたり広げたりするのを支援する。そこで，この技が効果を発揮すると考える。これを，教師が自覚的に教室で用いることで，子どもと共有することができる。どのような問いが話し手の思考を促すのかを見極める力を育てるのである。以下は教師や子ども・生徒たちが，「はまりどころ」をおさえて相手と向き合い，成果を上げた事例である。ポイントは，子どもと教師が感性的思考を働かせて対話する姿を，「はまりどころ」を見付けて授業が急展開する「事例＝事実の記述」から確認することであろう。

（澤本　和子）

〈参考文献〉
（注1）　澤本和子・授業リフレクション研究会（2016）『国語科授業研究の展開—教師と子どもの協同的授業リフレクション研究』東洋館出版，pp.16-23
（注2）　ドナルド・ショーン著，佐藤学・秋田喜代美編訳（2001）『専門家の知恵』ゆみる出版
（注3）　ドナルド・ショーン著，柳沢昌一・三輪建二監訳（2007）『省察的実践とは何か—プロフェッショナルな行為と思考』鳳書房，pp.55-58

2 単元名：問題を作ってみんなで話し合おう
教材名：「ビーバーの大工事」（東京書籍下）

みんなに伝わるように感じたことを言葉にする

1 単元設定の理由

　論理的な思考力がまだ十分に育まれていない低学年であればこそ，自分が感じ取った「思い」がより大切であり，それを他者にも分かる言葉で表す工夫をするプロセスで感性的な思考力が育まれていくのではないだろうか。

　本単元では，感覚的に抱いた思いを形ある言葉とするための手立てとして，「問題作り学習」の手法と「付箋」を用い，一つ一つの言葉に立ち止まり，自分が感じた疑問や発見を大切にする意識を育むことを考えた。

　低学年における説明文の問題作り学習では，叙述に即して正確に読み取ることに主眼が置かれることが多い。しかし，内容に触発されて生み出される子どもの様々な思いを大切にすることで，個に応じた学びが深まるのではないかと考え，随時，付箋に疑問や発見を書かせながら展開することにした。

　「ビーバーの大工事」は，体の小さなビーバーが驚くほど大きなダムを築いて巣を作るまでの過程を説明した文章である。自分たちには到底できそうもない作業の大変さを理解するにつれ，ビーバーのすごさに関心が高まる。そのまま他の動物調べへと展開することは容易であるが，「そこまで安全な巣を作ることを考えているのだ」という事実にこそ，目を向けさせたい。

2 単元の目標

（知・技）　(1)ア　思いや情報を伝える言葉の大切さに気付くことができる。

（思・判・表）　C(1)ア・カ　ビーバーの巣作りの様子をとらえることができる。

　C(1)カ　感じた疑問や気付きなどを言葉にして，書いたり発表したりできる。

（学びに向かう力）　疑問をもちながら文章を読み，説明文の読み方を考えようとする。

3 単元計画（全13時間）

次	主な学習活動	手立て○・評価◆
1	①全文を読み感想をもち，表紙絵をかく。 ②③題名や小見出し，全体の構成を確かめる。 ＊「疑問に思ったこと（青）」「驚きや発見などの感じたこと（黄色）」を付箋に書く。	○２色の付箋を用意。感じたことを書く。 ◆付箋を複数書くことができる。
2	④学習のめあてと学習の進め方を確認する。 ⑤「木を切りたおすビーバー」で書かれた「疑問・感想」一覧から，問題や答えの書き方，話し合いの進め方などを練習する。 ⑥一覧で示された疑問を問題の形で整理し，各自で答えを用意する。（自問自答，他問自答） ⑦⑧問題を作った子どもたちが司会役となって，話し合いを行い，最後に自分が考えていた答えを発表しまとめる。（pp.115-116参照） ＊新たに生まれた疑問や感想を付箋に書き足す。 ⑨⑩「ダムを作るビーバー」について，②，③の手順で話し合って読み進める。 ⑪「すを作るビーバー」について，同様に読み進める。 ⑫全体にかかわる疑問や残された課題について確かめ，グループや全体で話し合う。	○付箋に書かれた内容を大段落ごとに整理した一覧表を用意する。 ○自分の言葉で答えを書いておく。 ○話し合って，よりよい答えを考える。 ＊話し合いの途中で生まれた疑問などを書き足すように促す。 ○新たに追加したい疑問がないか確認する。 ◆自分や友達の疑問に答えを用意できる。 ◆積極的に話し合いに参加する。
3	⑬学習のまとめをする。 ・資料ＶＴＲを見て分かったことを書く。 ＊書きためた付箋を整理し，学習したことをノートに書いてまとめる。	○ビーバーの生活が分かる資料ＶＴＲ。 ◆自分の考えをノートにまとめている。

4 指導の実際

(1) 付箋の効果（感性的思考を育むツールとして）（第7・9・13時）

　初発の感想をもとに書かれた付箋を見ると，「木をガリガリとかじる」という事実に対して，「へえ，ビーバーの歯は丈夫なんだ。」と感想を書く子，「歯が折れたりしないのか？」と疑問を書く子の2色の付箋が混在していた。内容を理解する上で必要な疑問というよりも，「すを木で作ったらささったりしないのか」など，生活体験から感覚的に浮かび上がった疑問も数多い。

　この段階で，出された疑問を整理・集約して展開していくのが一般的な形式だが，ここでは逆に，読み進めていく中で新たに生まれた疑問も書き足すように指示し，抱いた思いを言葉にして残すことを促した。

　最初に「ビーバーはどうしてそんなに木をたおすのか」という疑問を書いていた子どもが，次に「ビーバーはどうやって木を切りたおすのだろう」と書き足し，話し合いの後で「ビーバーってそんなに歯が強いんだ！」と感想をまとめるなど，個々の子どもの学びの過程が時系列順に示される結果となった。

　初めに「どうして5分間も水の中に入れるの」という疑問を抱いた子どもが「ビーバーは筋肉と筋肉の間に酸素をためられるから」と，自分で調べた結果を報告した。最後には「ビーバーはどうして5分間ももぐれるかを考えた。」と，自分の疑問を調べて分かった，友達の役に立ったという達成感を感じたことをうかがわせる学習のまとめを書いていた。

　自分の思いを言葉として付箋に書き残したことで，書くことが苦手な子も自分の学びをまとめることができ，多くの子どもが疑問と感想とを書き分けられていた。付箋というツールがこの時期の子どもにとって，自らの思考を辿ったり，整理したりする有効な手段として機能することが分かった。

> **指導のポイント**
> 学習中に感じた思いを付箋に書き残すように促すことで，学びの幅が広がる。

(2) 感覚的にイメージしている言葉や事象をとらえ直す（第8時）

C01：ビーバーのしっぽはなんで大きいんだろう？　　C02：どうしてこんなに平べったいんだろう？
T01：この二人の疑問を合わせて，答えていってもらいたいと思います。
C03：太かったら重くてあんまり泳げない，泳ぎにくくなるから。
C04：ビーバーのしっぽは平たいうろこがあって，それがあったら泳ぎやすくなるから。
C05：えっと，上手に舵をとるためにしっぽが平べったいのだと思います。　　C06：(同じ。(多数))
C07：敵が来たときに，家族に知らせるため。
T02：しっぽをふって？　　合図に使うんだね。
C07：うん，テレビでやってた。
C08：水の中でしっぽを使うと動きやすいから。
T03：答えがいくつか出されましたね。ではどうぞ自分が用意していた答えを言ってみてください。
C01：しっぽでこいで，体を押し進めるため。C02：しっぽを使ってもっと泳ぎやすくするため。
C09：どっちも異議なし。
T04：ちょっと待って，どっちも異議なしってどういうこと？　　さっき出た中では，上手に舵をとるため
　　という意見に同じだと言っている人が多かったと思うけれど，どういうことかな？
T05：どうしてしっぽを使うと泳ぎやすくなるのですか。しっぽで泳いでいるのですか？
C10：(後ろ足だよ。)
T06：後ろ足で泳ぐんだ。じゃあ，しっぽをどんな風に使うんだろうね。
C10：バタバタさせる。(ばちゃばちゃばちゃ…)　＊やってみせる子ども多数
T07：そうだとしたら，舵をとるってどういう意味？
C11：舵は，船みたいに，帆をやって，調節する。
T08：S君が知っている「舵」って，こういうハンドルみたいなものだね。(うなずく)
C12：(あ，知ってる。見たことある。)
T09：じゃあ，このハンドルみたいなのをぐるぐる回すと，どこが動くの？
C12：船の上の，…旗みたいな部分。
C11：そう，2こくらいついているんだよ。それをひもで，ロープで何かガーッとやる。
T10：なるほど，それは「帆」でしょ。
C11：あ，そう。帆，帆。
C11：じゃあ，おもかじいっぱ〜い，とか言ってハンドルを回すと帆が動くの？
C12：ちがう。あのねえ，プロペラみたいのがあって，こうやって(手を回す)何か進む。
C13：何か，おしりについている。
C14：知ってる。オールじゃないけれど，くるくる回ってるの。
T12：あのねえ，ボート。手こぎボートあるでしょ。こうやって水の上でグイーッとやっている。あれを，
　　オールって言うの。
C15：あ〜！(反応多数)
T13：舵は違います。船の模型をイメージして下さい。船の模型を作ったときに，それこそお尻のしっぽ
　　の所に当たる部分につける，ここの部分ですよ。(簡単な船の絵を描く)
C16：オールだ。
T14：ここに，N君が言っていた旗みたいな板が付いていて，それで右や左に行ったりするの。
C13：ああ，そうだよ〜。(そうそう，これで動くんだよ。)
T15：ここの部分のことを，舵っていうの。じゃあ，もう一度，教科書を読んでみよう。(中略)
C17：ああ，だからしっぽが大きい方がいいんだ。
C18：後ろ足が，前に進む役割。しっぽが，方向をかえる役割をしていることが分かりました。

　　問題に対する答えとして，多くの子どもが本文中の「上手に舵をとるため
（C05）」を用意していた。だが，出題者の二人が異なる答えを述べた際にも
「異議なし（C09）」と応えたことに問題を感じ，問い直しを行うことにした。
T04〜C14から，子どもたちが「舵」という言葉の意味や働きを理解してい
ないことが分かり，「オール」についても同様に補足することにした（T12）。

ここで初めて，オールが水をとらえる役割を果たす道具であることが認識され，続けて説明した「舵」に対し，Ｃ16やＣ17のようなつぶやきが生まれている。

　子どもたちは身の回りの事象を感覚的に認識しているため，それを表す言葉との結び付きが弱いものと推察される。「何かガーッとやる（Ｃ11）」「こうやって何か進む（Ｃ12）」のように身体表現を伴った説明を行うことが多いのも，その現れであろう。感覚的に抱いているこれらのイメージを，具体的な概念を伴った適切な言葉で表現できるよう働きかけることが，特に大切だと考える。

> **指導のポイント**
> 　子どもたちが感覚的にイメージしている言葉や事象をとらえ，適切な表現や言葉と結び付けられるよう働きかけることが，感性的思考を育むことにつながる。

(3) 問題作り学習 （感性的思考のスイッチをＯＮにする）（第11時）

```
Ｃ01：なぜ水の中に入口を作るのか。　Ｃ02：なぜ出入口が二つあるのか。
Ｔ01：ビーバーの巣について，この二人の疑問に答えていってください。では，進めてください。
Ｃ03：犬かきみたいにすると天井から入れるから，下に作ったら大丈夫。
Ｃ04：水の中に入口を作るのは，泳ぎが上手な動物でないと入って来られないようにするためだと思います。（賛成の声多数）
Ｃ05：僕も，巣は湖の真ん中にあって，そこまで泳いで行くのだけでも大変なのに，それでももぐらなくちゃいけないのは大変だから，そんなにいないと思う。
Ｔ02：入って来られる動物が，ということかな。
Ｃ01：他にありません。
Ｃ06：もしそれでも入って来る敵がいたとしても，出入口が二つあれば片っぽうから入って来ても，もう一つの方から逃げられる。（なるほどの声）
Ｃ07：出入口が二つあったら，右とか左とか，近い方から入れて便利だから。
Ｃ08：お父さんとか大人のビーバー用のと，子ども用のちょっと小さいのじゃないかな。
Ｔ03：あ，書いてないけれど，大きさが違うのかもって考えたのですね。なるほど。
Ｃ09：あの，一つはふだん使うやつで，もう一つは，予備っていうか，ふだん使わないもの。
Ｃ10：先生とかお家の人が使う入口と，僕たちが入って来る入口みたいな感じ？
Ｃ09：ちょっと違くて，もう一つは，非常口みたいな感じ。
Ｔ04：そろそろ時間なので，二人の考えを聞いてみましょう。
Ｃ01：（水中に入口）Ｋさんと同じで泳ぎが上手な動物じゃないと入って来られないからです。
Ｃ02：僕は，敵に襲われそうになったときに，逃げやすいように二つあると思いました。こっちの方から敵が来ていたら，別の方に逃げられる。
Ｔ05：なるほど，入って来られたときだけじゃなくて，敵が来たぞって分かったときに少しでも遠い方に逃げられるんだ。
```

　挿し絵には入口が２つある絵が描かれているが，本文には水の中に入口が
ある理由しか記されていない。C09が迷った末に「非常口」という言葉を選
んだように，安全な巣を作るための工夫に違いないと多くの子どもたちの想
像（思考）がそこから始まっていたことがうかがえる。C06で完結するかと
思われた話し合いは，自分の生活と結び付けた答えへと広がりを見せ（C07
〜10），出題者の「敵の姿が見えたときに少しでも早く逃げられるように（C
02）」という答えは，だれも思い至らなかった着想であったため高く評価された。
「なぜ二つの出入口があるのか」という疑問は，問題を作るという意識がな
ければ出なかった可能性が高い。その理由を考える中で「そこまで考えて
『安全な巣』を作っているのだ。」という文章全体の趣旨をとらえられた。

> **指導のポイント**
> 　問題を作るという意識を与えることで，本文だけでなく補助資料も含め
> て注意深く読みとるようになり，より深い理解を伴った学びにつながる。

5 　評価の実際

　付箋という小さな場所に自分の思いを書くという活動は，この時期の子ど
もの実態に合っていたと考えられる。力の弱い子も学習活動に参加できるだ
けでなく，力のある子たちは枚数を競い合うなど，ふだんなら読み飛ばして
しまう言葉に立ち止まるきっかけを与えることができた。
　問題を作り，答えを用意するという学習課題は，思いつきレベルの意見や
感想とは異なる，納得できる答えを見出そうと深く考える姿を生みだした。
個々の思いを大切にしたことで，叙述からは答えられない問題，内容理解と
は関係ない問題も増えたが，グループで話し合う時間を設け，自分の考えを
教え合う時間を保障したことで，どの子も満足のいく学習ができていた。

（村上　博之）

3 単元名：情報をつむいで読む
教材名：「くらしの中の和と洋」（東京書籍下）

調べ学習で自分の考えをもち，読み深める

1 単元設定の理由

　４年生の子どもたちは，教科書に書かれている情報は正しいものと信じ，肯定的に受け止めようとする傾向が強く，筆者のものの見方・考え方や論じ方に疑問を呈したり，反論したりするような読み方には至っていない。４月には高学年となる子どもたちには，書かれている情報を鵜呑みにするのではなく，自分の経験や他の情報と照らし合わせて吟味しながら，感性的思考を働かせて自分の読みをつくっていくような経験をさせたい。

　「くらしの中の和と洋」は，和洋折衷で成り立っている日本のくらしについて，衣食住の「住」を取り上げて，具体的に例を挙げて比較しながら「和」と「洋」それぞれのよさがどのように生かされているのかを説明している文章である。分かりやすい構成と説明で，子どもたちは筆者の論理に納得して読むことができるであろう。しかし，話題について掘り下げて感性的思考を働かせて考えてみると，現在の日本のくらしは，和洋の対比だけでは説明しきれない，様々な工夫のもとに成り立っていることに思い至る。そうした教材文には触れられていない側面もあることに気付いてほしい。

　本単元では，まず教材文の概要をとらえた後，調べ学習を行う。調べ学習で「くらしの中の和や洋」について自分なりに深く考えた上で，再度教材文を読むことにより，一人ひとりがそれぞれの感性的思考を引き出して文章と向き合い，自分の考えをつくることができるであろう。そして，話し合いを通して他者の感性的思考に触れ，筆者の説明に対する自他のとらえ方や考え方の違いに気付くことで，文章に対する感性的思考を耕していくことができるのではないかと考えている。

2 単元の目標

（知・技） (2)オ・カ　くらしの中の事例を比較し，その特徴を情報と情報との関係をとらえて，整理してまとめることができる。

（思・判・表） C(1)オ・カ　文章に対する自分の考えをもち，対話を通して他者との違いに気付き，自分の考えを深めることができる。

（学びに向かう力）　調べ学習から自分なりの考えをつくり，文章と向き合って読んで，深く考えようとする。

3 単元計画（全11時間）

次	主な学習活動	手立て○・評価◆
1	①②教科書「くらしの中の和と洋」を読み，感想を書き，学習の見通しを立てる。 ＊日本のくらし（衣食住）に関する資料を探したり，身近な大人に取材したりする。 ③④「和と洋のよさをいかすくらし」について，教科書をもとにまとめる	○「初耳度」「スッキリ度」「なるほ度」を書く。 ⇒家庭学習 ◆和と洋を比較してノートに書いている。
2	⑤⑥「くらしの中の○○と××」について自分の調べたことをまとめる。 ⑦調べたことをもとに，「日本のくらし」について話し合う。 ⑧⑨改めて「くらしの中の和と洋」を読み，筆者に対する意見を話し合う。	◆異なる二つを比べて書いている。 ○考察・気付きに注目して整理する。 ◆自分の考えをノートに記述している。
3	⑩「わたしの考える日本のくらし」を書き，読み合う。 ⑪学習のまとめ，ふり返りを書く。	◆学習を踏まえて，自分の考えをまとめている。

4 指導の実際

(1) 教科書「くらしの中の和と洋」を読み，感想を書き，学習の見通しを立てる（第1時）

　文章構造や説明内容を理解するだけでなく，感性的思考を働かせて文章の面白さと向き合ってほしいと考え，初読後，以下の三つの尺度（各5段階）による学習材の文章に対する個々の印象（自分のとらえ）の可視化を行った。

　○初耳度＝「新たな見方や知らなかった情報などを得られたか」の度合
　○スッキリ度＝「内容や説明の仕方が分かりやすいか」の度合
　○なるほ度＝「筆者の考え方や意見に納得できるか」の度合

　詳しくは後述するが，全体的に「スッキリ度」と「なるほ度」は，非常に高かったが，「初耳度」はさほどでもなかった。話題としての新鮮さには欠けるが，その分，身近な話題で分かりやすいと感じている様子である。

　今後，どのような学習をしたいかを尋ねると，「衣や食についても調べて考えてみたい」という声が強かったので，資料を調べてまとめることにし，資料が用意できるまでの間（資料収集の期間）に，「くらしの中の和と洋」の文章構成や内容の概要を読むという大まかな見通しを立てた。

> **指導のポイント**
> 　子どもたちの初発の感想には，感性的思考につながる，直感的な気付きや感覚的な文章のとらえなどが綴られる。それら感性的思考の芽を，観点を示して可視化することで，他者との相違に着目することができ，感性的思考を促すことになる。

(2) 「くらしの中の○○と××」について自分の調べたことをまとめる（第5・6時）

　日本のくらしの特色について，衣食住の中から自分でテーマを決めて，「和室」と「洋室」のように，2種類を比較する形で調べてまとめていくこ

とにした。「和服と洋服」「和食と洋食」「和菓子と洋菓子」「和風建築と洋風建築」など，それぞれのテーマについて，各自が持ち寄った資料や学校司書の協力で集めた図書資料などを用いて調べてまとめていった。

まとめ方は，白い八切り画用紙を二つに折り，左右に比較対象の調べた内容・分かったことを整理して書きまとめていく。上に短冊状の見出し用色画用紙をつけ，タイトルを書く。（衣＝黄色い紙，食＝緑色の紙，住＝青色の紙）下には，橙色の短冊状の色画用紙を

タイトル　○○と◇◇ 黄＝衣　食＝緑　住＝青	
○○について 調べて 分かったこと	◇◇について 調べて 分かったこと
まとめ（考察）比べてみて気付 いたこと，考えたこと	

つけ，比較してみて気付いたことや考えたこと（考察）など，まとめを書く。以上の形式で，書きまとめていった。

指導のポイント

「くらしの中の和と洋」を読むと，最終段落に「…『衣』や『食』についても，…〈中略〉…考えることができるでしょう。」とあるので，衣や食について調べたくなるのが自然である。そのため，単元の終末に調べ学習を位置付ける実践も多いが，子どもの思いを大切にし，先に調べ学習を進める中で，考察して話題に対する自分の考えを作っていくことにより感性的思考が引き出されることになる。

⑶　改めて「くらしの中の和と洋」を読み，筆者に対する意見を話し合う（第8・9時）

調べ学習を通して，日本のくらしにおける和や洋について，自分なりの考えができてきたところで，改めて学習材を読み，気付いたことを肯定的な考えと否定的な考えに分けて尋ねてみた。

まず，肯定的な考えとして「よさを表す事例が書かれていることに気付いた。」「使い方とすごし方は別々と思っていたけど，まとめて考えた方が筆者

の言いたいことが分かりやすい。」といったことが出てきた。

　続いて，否定的な考えについては，「人と人との間かくを自由に変えられるのもたたみのよさです。」という文を話題に，以下の意見が交わされた。

T　：では，疑問とか筆者への意見とかってありますか？

C１：8段落目の人と人との間隔が自由に空けられるってところが，前は，そんな感じなのかなって思ってたけど，今は（和室も洋室も）あんまり変わらないんじゃないかなって思う。

C２：関係することなんですけど，C１君の言ったこと自体は否定しないんですけど，教科書の伝え方がダメなのかなと思って。人と人との間隔が楽に変えられるっていうのもあって，洋室のときも，確かにいすに座っているとき，変えられるんですよ，でもわざわざいすを動かさなくちゃいけなくてちょっと大変なんですよ，それに対して，畳のときは，普通にずれればいいわけだから，洋室よりは間隔を変えるのが楽なんじゃないかなと私は思うんです。

C３：私はC１君に賛成なんですけど，何故かっていうと，もし上司とかいたら，始めからずらすじゃないですか。始めからずらすから，確かに和室も洋室も変わらないなと思いました。

C４：ぼくは今のに対して反対みたいな感じなんだけど，ソファーとかは動かすのはあんまりしないことだから，教科書はソファーみたいにあんまり動かさないようなことを前提にしているんじゃないかな。

C５：畳の上では，色々な姿勢がとれるって，確かにそうなんだけど，ぼくはいすでも色んな姿勢を取れると思う。例えば，いすの上でも，親しい友達だったらこんな感じでやっててもあんまり失礼じゃないし，畳でも親しければ，近づくもそうだし，とにかく，親しいか親しくないかで姿勢っていうのは変わってくるわけだから，いすでも変えられるんじゃないかなって思います。

C６：和室は人と人との間隔を自由に変えられると思う。洋室でも変えられるっていうけど，すごい限られる場合かもしれないけど，例えば，洋室で上司とかに怒られるとするじゃないですか，ビクッとして後ろに下がりたいときに，いすだと1回立ってから動かなきゃならないけど，畳だと，確かに少し動けると思うから。でも，そういう場合に限られるから，C１君が言うのも分かる。

C７：両方変えられるけど，和室は，すばやく変えられて，洋室は，時間がかかるけど変えられるっていうことかなって思います。

　筆者の説明に対して，一人ひとりが感性的思考を働かせて，具体と結び付けながら，それぞれの考えを述べていった。

指導のポイント

　調べ学習をして話題に対する自分なりの考えをつくった上で，時間をおいて教科書を読み返してみたことで，子どもたちの教材文の読み方は明らかに変わった。最初は「筆者に教わる」感覚だったが，対等な立場で筆者と対話する姿勢になることが，感性的思考を引き出すきっかけとなった。

5 評価の実際

単元のまとめとしてふり返りのノートをまとめる際に，改めて「初耳度」「スッキリ度」「なるほ度」を書いた。最初と比較したのが右表である。

「初耳度」「スッキリ度」「なるほ度」の変化

(単位：人)

		☆5	☆4	☆3	☆2	☆1
初耳度	最初	1	13	12	4	2
	最後	1	8	7	7	11
スッキリ度	最初	17	12	2	1	0
	最後	19	6	5	2	2
なるほ度	最初	19	13	0	0	0
	最後	13	8	10	2	1

最初と最後では，スッキリ度は分散し，初耳度となるほ度は下がる傾向が見られた。これは，読み込んだことで，筆者の説明の不十分さが見えてきたことを示しており，この様子からも，感性的思考を働かせて読んでいることが覗える。

1週間だが時間をおいて読み返したことも，自分の考えをもって客観的に文章と向き合って読むのに有効であった。それは，子どものふり返りの記述からも見て取れる。以下，二人のふり返りを紹介する。

> 私たちは，衣食住の中から一つ選び自分で本やインターネットを使って調べまとめるという学習をしました。その学習を行ったことで，私たちはくらしの中の和と洋についてくわしくなりました。くわしくなってからもう一度読んでみると，初めは納得していてもちがうのでは？　と思うこともありました。これから説明文について学習する機会があれば，筆者への反対意見が出てもよいのではないかなと思います。

> 説明文を読んで最初はそれが「正しい」と思い込んでいました。初耳度も4と高く，スッキリ度では5まで到達。なるほ度も4とほとんど筆者に賛成だったのです。
> しかし，説明文を1回はなれました。それがじっくりと頭を冷やして考え直すチャンスでした。ふだんは説明文のことについてやっていて「ふ〜ん」でしたが。過ごしていると「あれ？」と気付くのです。例えば，「あれ？　ぼく洋室でふつういすにこしかけているのかな？」など。そう思えば，説明文から1回はなれていたのは，よかったことだと思います。

感性的思考を促したことにより，教科書に書かれている文章は「全て正しい」という前提で読むのではなく，意図をもって書かれていることに気付き，それと向き合って自分の考えをもって読むという，主体的な読みの姿勢に結び付いたと感じている。

(片山　守道)

第2章　「感性的思考」と「論理的思考」を生かした学習指導プラン　**123**

1 話すこと・聞くこと

2 書くこと

3 読むこと(文学的文章)

4 読むこと(説明的文章)

5 語彙・語感・レトリック

4 単元名：論説を読む
教材名：「誰かの代わりに」（光村図書）

「共感・納得・疑問」と感じる感性を「論理的な読み」につなぐ

1 単元設定の理由

　「誰かの代わりに」で筆者が投げかける「自分とは」「自立とは」という問いは，少なからぬ生徒たちが日頃自らに問い，答えを探している問いといえるのではないか。中学3年生の時期にはなおのこと心にかかる問いで，読み進めるうちに彼らは，文章を通して著者と，そして自分と対話を始めることになるだろう。教材文との出会いで生徒たちの感性がとらえる「共感」や「納得」，「疑問」などの心の動きを大切にしたい。色分けした線を引きながら読むことで，こうした自らの感覚に自覚的に向き合って読み，「問い」を生成していくことから読みを駆動したいと考えた。ここで生まれた「問い」を学習課題として，文章に表れた筆者のものの見方・考え方を読み解き，ことばや表現に込められた筆者の意図を探っていくように展開するとき，「自分」「自立」「独立」「依存」「責任」などのことばに対する生徒たちの認識や感覚は揺さぶられていくことになるだろう。そして筆者と自分の間に生じたことばをめぐる意味や使い方のずれや段差をすり合わせていこうとして筆者や級友たちと話し合っていく中で，言葉に対する探究的な学びを引き出したいと考えた。

2 単元の目標

知・技 　(2)ア　具体と抽象の関係に注意して筆者の主張をとらえられる。

思・判・表 　C(1)イ　共感・納得・疑問の心の動きを切り口にして，筆者のものの見方や考え方について考えることができる。

学びに向かう力 　自らの疑問を解明しつつ読み，論説の読み方を考えようとする。

3　単元計画（全6時間）

時	主な学習活動	手立て○・評価◆
1	(1)　学習の見通しをもち，内容を予想する。 (2)　「誰かの代わりに」を読む。 ❶題名読み（「自分とは」，「自立とは」） ❷通読（「共感」「納得」「疑問」に書き込み）	◆学習の見通しをもち，読みに向かう姿勢を作れている。
2	(3)　読みの交流と課題設定。 ❶学習班で「共感」「納得」「疑問」を交流。 ❷「疑問」から学習課題を作る。	○共感・納得は書き出して参照しつつ，「疑問」を整理する。
3	(4)　話し合って学習課題を解決する。 ❶課題に対する解釈をまとめる。 ❷学習班で話し合って発表に備える。	◆言い換え表現に注意して筆者の見方や考えを理解している。
4 5	(5)　課題に対する読みを発表し合い話し合う。 ❶「課題」に対する読みを発表し合う。 ❷意見交流を通して読みを深める。	○ロイロノートで共有。 ◆経験や既習知とつないで理解している。 ◆考えを整理している。
6	(6)　学習をふり返る。 ・筆者の考えについて整理し批評する。 ・「論説の読み方」のコツをまとめる。	◆論説文の読み方のコツを見付けている。

4　指導の実際

(1)　「共感・納得・疑問」を鍵に筆者の見方・考え方と出会う（第1時）

　初発の読みに働く感性を自覚化させるために，「共感」「納得」「疑問」の三つの鍵を意識させ，本文に色ペンで線を引きながら通読させた。

グループごとに色画用紙にまとめさせると，生徒達からは例えば次のような「共感ポイント」「納得ポイント」「疑問」が提出された。

　各グループから提出された「疑問」を集約した結果，このクラスでは，以下の課題が設定された。

図1　「共感」したこと

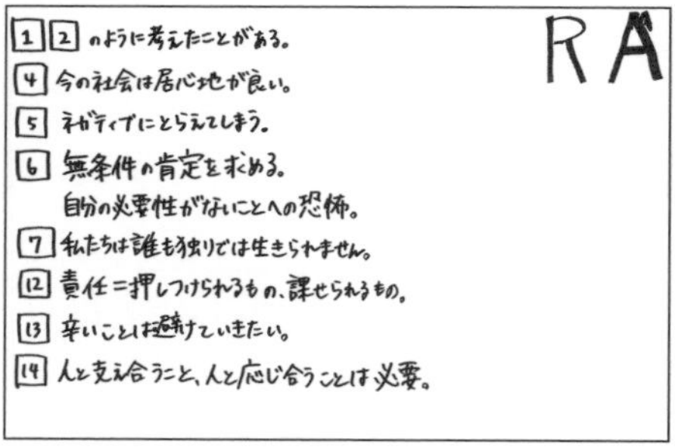

① ②のように考えたことがある。
④ 今の社会は居心地が良い。
⑤ ネガティブにとらえてしまう。
⑥ 無条件の肯定を求める。
　 自分の必要性がないことへの恐怖。
⑦ 私たちは誰も独りでは生きられません。
⑫ 責任＝押しつけられるもの。課せられるもの。
⑬ 辛いことは避けていたい。
⑭ 人と支え合うこと，人と応じ合うことは必要。

図2　「納得」したこと

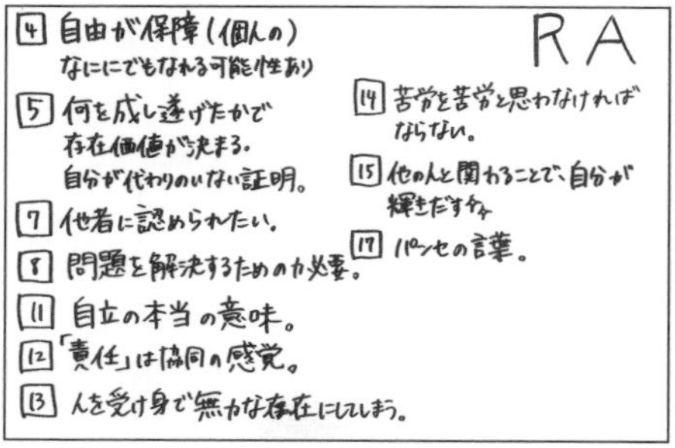

④ 自由が保障（個人の）
　 なにになれる可能性あり
⑤ 何を成し遂げたかで
　 存在価値が決まる。
　 自分が代わりのいない証明。
⑦ 他者に認められたい。
⑧ 問題を解決するための必要。
⑪ 自立の本当の意味。
⑫ 「責任」は協同の感覚。
⑬ 人を受け身で無力な存在にしてしまう。
⑭ 苦労を苦労と思わなければ
　 ならない。
⑮ 他の人と関わることで，自分が
　 輝き出す々々
⑰ パンセの言葉。

図3　「疑問」に思ったこと

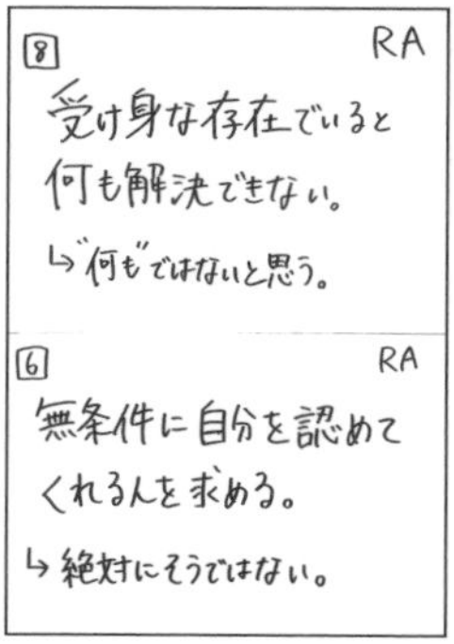

　各グループから提出された「疑問」を集約した結果，このクラスでは，以下の課題が設定された。

① 「受け身な存在」とは？
② 「責任」とは「協同の感覚なのか」
③ 「弱さを補い合う」……どういう意味か
④ 「克服してはならない苦労」とは？
⑤ 「人間の弱さ……」（パスカルの言葉の意味）

⑧ 受け身な存在でいると
　 何も解決できない。
　 └ 何もではないと思う。

⑥ 無条件に自分を認めて
　 くれるんを求める。
　 └ 絶対にそうではない。

指導のポイント

　三つの鍵について，より生徒達の感覚に近い言葉で次のように例示した。

「共感」……あるある！　私もそう思っていた！　（赤）
「納得」……たしかに！　言われてみればそうだ！　（緑）
「疑問」……なぜ？　どういうこと？　違うのではないか？　（青）

　鍵のうち，「共感」と「納得」は厳密に区別することは難しい。ここで

は，「自分も前からそう感じていた＝共感」「言われてみて納得した＝納得」と仮にしておこう，区別するよりも直感的に分けてよいと補足した。

(2) 課題に対してグループで話し合う（第3時）

～「論理をとらえようとする読み」と「感性的な理解」との行き来の中で～

① 「受け身の存在」をめぐる話し合い

> K08：なんかさ，<u>筆者が言いたいこと，ここに三つくらいあるじゃん</u>。違うことが。一つが，そのままの私でいいよっていう無条件の肯定，もう一つが，あの，無条件の肯定を求めるようになると自分のことが決められなくなるよみたいなことが言いたいこと，で，決められなくなるっていうのと，もう一つ，解決，それすらも越えて問題解決ができなくなるっていうのと，三段階あるじゃん，階段状に。（むっちゃいいじゃん，それ書けるじゃん）そう。
>
> K09：で，ここの段階は分かるじゃん。無条件の肯定を求めるっていうのも。
>
> T10：<u>これはさ，たぶんやってないって人はいないんじゃないかな</u>。（そう）っていうか，絶対どこかでみんな思ってはいると思う。（そう）
>
> K11：無条件の肯定を求めるって言うのもさ，別に相手から大丈夫だよって言われなくてもさ，ほんとそれこそ音楽とかでさ，「君はそのままで大丈夫」っていう音楽聴いたりとかさ，「私は大丈夫このままで」とか自分で言い聞かせることもできるじゃん。で，これが相手からの肯定を求めるようになったのが2じゃん，分かる？
>
> T12：あ，OKじゃ，ここは自分自身でできることだと。（自分でもあるし）じゃ，相手からそれでいいよって言われて納得するんじゃなくて，あぁはいはいはいはい，自分で思うってこと？（そう）自分で私はこれでいいんだって思う。
>
> K13：うん，私はこれで大丈夫だって思うのも無条件の肯定を求めてるじゃん自分に。（うんうん）で，ここが相手だと（相手にそのままでいいよとか言われたいのね？）<u>これがいわゆる，「いいね」とかじゃない？</u>
>
> T14：そうね，それは自分じゃ「いいね」は押せない。（押せない）あれだよねインスタとかのいいねだよね）インスタとか，そういうのが多いよね，偏見だけど。
>
> K15：それが発展すると，他者がいつも横に居てくれないと不安になるとか（依存症的な？），常に与えてほしい？（ああ）それからの8段落じゃないかなって。
>
> T16：人生で見舞われる様々な苦労や困難？（困難が解決できない）できない。なるほどなるほどなるほど。
>
> T17：つまりここで取り組む課題になってる「受け身な存在でいると何も解決できない」ってどういうことかっていうのは，こういうのを踏まえてここになるっていうこと？
>
> K18：だからたぶん，<u>私らがひっかかってるのは，ここは分かる，ここもまあ分かるっちゃ分かる</u>。

T19：分かる。だってあれでしょ。誰だって投稿したら「いいね」がほしいよね。
K20：ほしい，ほしい，そう，別に，自分がほしいかどうかってのもあるけど，1個はあったら嬉しいし，これは分かるじゃん。で，ここからここがちょっと気にかかるんじゃない？
（中略）
T40：でさ，もう1個の，「受け身な存在でいると何も解決できない」っていうのは，つまりどういうこと？
K41：つまり，つまりね，私が考えただけなんだけど，受け身な存在っていうのが，相手に求めるようになって，常に与えてほしいって思うようになった，……この3，3段階目？が，ここから受け身な存在になり始めるんじゃないかなって思ったの。
T42：あ，つまり1と2は受け身ではないと思う？（そう）
K43：ここはまださ，自分で投稿したりとかさ。（ああ，はいはいはい，ああそうね，発信とかね）ここまでは自分で発信したりとかしてるじゃん自分で。
T44：確かにね，発信とか受け身じゃないよね。（そうそう）いいねがほしいっていうのは確かに受け身だけど，その前の，段階というか，いいねがほしいまでの投稿とか，自分が発信っていうのは受け身ではない，確かに。
K45：だから，常に与えてほしいって思い始めた段階から，受け身なんじゃないかなって。自分が何もしないけど，肯定して，この私を！って。（ああ，なるほどなるほど。ああはいはいはい）
T46：ああ何となく分かってきたね。じゃあ受け身な存在は，3から？（3から）なるほどなるほど。
K47：で，これになったときに，困難にぶち当たると，この自分が何もしないダルマな状態で，困難にぶち当たると，本当に手も足も出ない，文字通り手も足も出ないから，解決はできないよってことをこの人は言いたいんだけど，たぶん段階を踏んでないから，私たちには「は？」ってなったんだと思うの。

②　対話の様子についての考察

○読みに働く論理的思考と感性的思考

　TとKの話し合いには，筆者の論理をとらえようとする読み（論理的思考による読み）と，自分の経験や認識とのズレ（違和感＝感性的思考でとらえた感覚）とのギャップを埋めようとする姿がよく現れている。

　例えば，K08で筆者の主張を三つの要素に分けてとらえようとする様子やその上で筆者の論理を解きほぐしていこうとしている様子は，論理的思考を優勢に働かせての読みの姿といえる。T10やK13など自分たちの体験を例にしていく様子は，抽象的な論を実感のあるとらえとして位置付け直そうと試みているといえよう。そして，T19やK20などには感覚的な理解へと近づい

た心の動きが現れていると見られる。

〇図化（＝感性的理解を補助するツールとして）の有効性

　下の図１はＫ08〜09で，Ｋが筆者の論理についての解釈を学習班のメンバーに伝えるために，筆者の論理を階段の比喩で示そうとしたメモだ。Ｔ40〜Ｔ46はこの図を使い，他者に承認を求める例として「いいね」を使って筆者の主張と自分たちの理解をつなごうとしている様子がよく見える。Ｋは筆者の論理とその隙間を解析して示そうとして書いたが，実は筆者の論理と自らの理解との隙間を埋めて感覚的な納得を得ようとしたものといえるだろう。

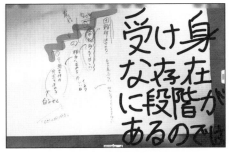

図１　話し合い中のメモ（生徒撮影）

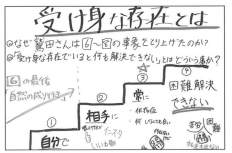

図２　話し合いを経て作成したフリップ

5　評価の実際

　このグループではＴの問いかけにＫが答えながら，自分たちの感じた疑問に自ら答えを探していく形で解釈を作り上げている様子が見られる。その点で「学びに向かう人間性」の目標を達成しているといえよう。また，例えば「受け身の存在」という抽象的な概念を，ＳＮＳにおける「いいね」や発信行動を具体的な事例との関係において筆者の考えを解釈し，その理解を次第にはっきりとさせていく読みの姿が見られる。「知識・技能」「思考・判断・表現」の目標も達成しているといえよう。

　そして，その様子をつぶさに見ていくと，筆者の論理について読みを深める上で，「納得」という形で現れる感性的な理解が得られることがいかに大切かにあらためて気付かされたように思うのである。　　　　　　（宗我部　義則）

1

「直観」と「洞察」との往還が「感性的思考力」を磨く

1 国語科教育で育てる「感性的思考力」の二面性

国語科教育における「感性的思考力」の働きは何に対するものか。

(1) 言語で表現される内容に対する感性的思考力

(例……登場人物の言動や心情，説明対象の事象や解明過程)

(2) 言語そのものに対する感性的思考力

(例……表現者の意図とその効果，言葉の選択)

そして，残念なことに，(1)に比べ，(2)に対する学習活動が低調である。

(2)の学習活動の基盤は「語彙指導」である。「語彙指導」のねらいは，その「量」の広がりと「質」の高まりであるが，学習指導要領は前者のみに詳しく（あるいは限定的で），後者については，説明し切れていない。「語彙指導」は，学習指導要領国語科の目標に常に提示される「言語感覚」と関連するが，この「言語感覚」も「正誤・適否・美醜」という従来からの観点を示すのみで，学習指導要領はそれ以上は説明しない。

2 言語そのものに対する感性的思考力の育成

これは，「言語感覚の育成」といいかえてもよい。「言語感覚」と類義の用語に「語感」があるが，ここでは細かな違いには言及しない。

さて，「言語感覚」の育成に際し，次の点は，「基本的な指導のかまえ」として非常に重要である。

(1) 「言語感覚」が「感覚」であるからといって，必ずしも個別的，個人的とは言えず，社会習慣的，共通的な「言語感覚」もあり，教育においては，両者を往還することで，「言語感覚」を磨くことができる。

（2）「言語感覚」は感覚であるから，直観的なとらえ（情的把握）が出発点でもよいが，分析的・論理的な把握（知的把握）に深化させ，両者を往還させることで，ことばに対する意識が高まる。

（3）国語科教育における「言語感覚」の指導は，いわゆる「適否」の指導に重点をおくべきである。学習者の言語活動における諸条件（相手・目的・立場等）に対し，「適否」の一事をおいて効果的な言語活動は存在しない。この「適否」の判別能力は，「表現者の意図が効果的に表現されているか」という「意図と効果」の問題に触れざるを得ない。

（4）「言語感覚」の指導内容には，大別して次の2観点がある。

① 意味の微差をとらえる能力の育成

② 表現が醸し出すある種の感じをとらえる能力の育成

これらの能力は，教育の力で高めることができる。そのために，指導の根拠となる「国語科教育に関連する諸科学の成果」を指導者は学び，生かす必要がある。

3 結語

感性は論理的に説明できるものである。また，それができるようにするのは国語科教育の責務である。しかし，それをどの程度まで求めるかは，発達段階，学習経験，指導目標，教材などにより，指導者が主体的に判断すべきである。「直観的な能力育成」から「深く洞察していく能力育成」へ進み，また「直観的な能力」に戻るというプロセスは，無意識な言語使用・言語理解を意識化するプロセスである。「深く洞察していく」プロセスで言葉を意識化することを通して，最初のあやふやな「直観」は，最後に確たる「直観」へと成長する。

（米田　猛）

2 単元名：片仮名言葉について話し合おう（パネルディスカッション）
教材名：「どうして片仮名で書くのかな？」（自主教材）

片仮名言葉について話し合う

1 単元設定の理由

　児童一人一人の言語生活を豊かにするために，次の３点を大切にしたいと考えている。①言語の主体的な使い手として，相手・目的や意図・場面や状況などに応じて適切に表現したり正確に理解したりする力。②言語を手掛かりとしながら論理的に思考する力や豊かに想像する力。③言語感覚を養うことである。特に，日常生活の具体的な言語活動の中で，「なぜ，この言葉を使っているのだろうか。」「この言葉のほうが，ふさわしいな。」「すてきな言葉だな。」と，言葉にこだわりながら意識的に考え，評価したり吟味したりする感覚をもった児童を育てたいという願いが強い。そこで，一人ひとりの児童の言語生活や言語活動を充実させ，ものの見方や考え方を豊かにするために，本来は片仮名では書かない言葉をなぜ片仮名で表記しているのかを考えさせ，片仮名言葉についての理解を深め，児童の言語感覚を養いたいと考えた。児童の身近な言語生活に基づいて言葉にこだわりながら意識的に考え，評価したり吟味したりする学習を取り入れている。

2 単元の目標

| 知・技 | (1)オ　目的や場に応じた適切な言葉遣いで話すことができる。

| 思・判・表 | A(1)オ　片仮名言葉について互いの立場や意図を明確にしながらパネルディスカッションの進め方に従って話し合うことができる。

| 学びに向かう力 | 言葉にこだわりながら意識的に考え，評価したり吟味したりしながら片仮名言葉について話し合おうとする。

次	主な学習活動	手立て○・評価◆
1	①身の回りにある片仮名の使い方について考える。	◆身の回りにある片仮名の使い方に関心をもち学習の見通しをもとうとしている。
2	②③④片仮名言葉について調べる。 ❶片仮名言葉を集める。 ❷集めた片仮名言葉を分類する。 ❸本来片仮名で書かない言葉に気付き考える。	◆言葉にこだわりながら意識的に考え，評価したり吟味したりしながら片仮名言葉について話し合っている。
3	⑤⑥⑦パネルディスカッションで話し合う。 ❶グループで，パネルディスカッションのための話し合いをする。 ❷グループでパネルディスカッションの練習をする。 ❸パネルディスカッションを行う。	◆片仮名言葉について互いの立場や意図を明確にしながら話し合っている。
4	⑧今までの学習をふり返る。	○ふり返りカードを使って学習のまとめをする。

4 指導の実際

(1) 片仮名言葉を集め分類する（第3時）

資料1　片仮名で書かないのに，片仮名で書いてあると考えられるもの

新聞	広告のチラシ	マンガ	雑誌・本
大切なモノ 「箱モノ」バブルの地方 ダルさを吹っとばす イッツモ　ムダなく こしをジンワリあたため ながら　ツボが集中 コリのしんまであたたかく ふくらはぎがラク～に	キレル　えんぴつケズリ シャシン　ケズリキ ちょっとトク　スゴイな クルマを買いかえよう！ かわいいヌイグルミ アウトレット理由アリで 安心　ぜひ見に来てく ださいネ！　ホンモノで す！	今夜はスキヤキよ ニガテ　イマイチ しないとダメ イナカのおばあちゃん めんどくさいコト ムリッ！　ムリだよ ニガサナイ 何故ダ…	今だからいえるコト！ 正しい選び方を紹介してい くゾ！ こんな選たくもアリなのだ！ 安心して走れるハズだぞ！ ウワサのビックリケーキ オキナワ　ナガサキ ヒロシマ サーガンバロウ！ 水，もれてるヨ！　（以下略）

指導のポイント

　身の回りにある片仮名言葉を様々な資料を使って調べ，カードに転記し分類した。片仮名言葉の特徴を考え，本来片仮名で書くのかどうかを友達同士で交流し吟味しながら分類し整理していた。特に，微妙なニュアンスや同じ表現でも片仮名を使うことで受け手が受ける印象がずいぶんと違うことに関心をもっていた。

(2) 本来は，片仮名で書かない言葉に気付き考える（第4時）

〈片仮名で書かないのに，片仮名で書いてあると考えられるものを見て気が付いたこと〉

頻度 ・「ムリだよ」「イタイ」などマンガでよく使う言葉が多いです。　・マンガは最後の言葉に片仮名が多いです。　・広告は片仮名が多いです。　・「～ネ！」「～だヨ！」「～ゾ」など最後に片仮名がつくものが多いです。　・「思ったこと」「感情」などを表すのは片仮名が多いです。

表記 ・一部を片仮名にしているものと全部を片仮名にしているものがあります。　・漢字でも書ける言葉を片仮名にしているものもあります。　・平仮名で書いた方がよいのに片仮名で書いていると思うものがあります。　・オキナワ・ナガサキ・ヒロシマは，普通沖縄・長崎・広島と漢字で書くのだと思います。　・漢字と漢字の間に片仮名で書いているものがあります。

〈なぜ片仮名で書いてあるのか？〉

目立つ　・平仮名で書くよりも片仮名で書いた方が目に付きやすいからです。
　　　　・片仮名で書いた方が「パッ」と見たときに，目に入りやすいからだと思います。

	・インパクトがあります。　・分かりやすくしていると思います。 ・目立つようにしているからです。　・知ってほしいことを気付きやすくしていると思います。
強調	・その言葉を強調しているからだと思います。　・気持ちを強調させるためだと思います。 ・その言葉を一番伝えたいからだと思います。 ・「ヤスイ」「トク」など，片仮名で書いているところを強く言いたいからです。 ・日本語だから漢字で書くのに片仮名で書くことによって強調させていると思います。
注目	・その文の中心となるものを注目させるためだと思います。　・その言葉に注目してほしいからです。 ・「ケド」などを入れるとそこを中心に見てほしいという願いが入っていると思います。 ・特別な部分だから注目してほしいので，片仮名で書いていると思います。
ふさわしい	・片仮名の方が雰囲気が出るからです。　・ひらがなでは雰囲気が出ないからです。 ・平仮名より片仮名の方が，表現しやすいから。
意味	・何かの意味をもっていると思います。
デザイン	・普通は平仮名で書く言葉を片仮名で書くと，デザインのような感じでいいからです。 ・かざりみたいなものだからです。
おもしろい	・片仮名で書くとおもしろいからだと思います。　　　　〈児童のワークシートより〉

指導のポイント

　本来片仮名で書かない言葉について気付き考えたことを記述させた。片仮名の効用を自分なりにとらえて，頭の中でなんとなくぼんやりと感じていたものを記述すると，自分の考えを客観的にとらえることができる。さらに，記述したものから，友達の考えは自分と同じなのかどう違うのかを比較し，共通点や相違点を明確にして自分の立場を考えることもできた。

(3)　身の回りの片仮名言葉の効用を交流して考える（第7時）

〈パネルディスカッションの様子〉

	パネラーの立場の説明場面　発言内容	
1	（司会①）これから，パネルディスションを始めます。	
2	（司会②）私たちは，身の回りにあるいろいろな片仮名言葉を集めてみました。すると，普通は，平仮名や漢字で書くのに，片仮名で書いてある言葉がたくさんあることに気が付きました。そこで，今日は，「普通は，平仮名や漢字で書く言葉を，どうして片仮名で書くのかな？」という話題で，パネルディスカッションを行いたいと思います。今日のパネラーは，<u>強調しているから</u>という立場のSさん，	
3	<u>目立たせている</u>という立場のIさん，同じくM君。	
4	（司会①）<u>意味がある</u>という立場のT君，<u>おもしろいから</u>という立場のK君，<u>注目させるため</u>とい	

う立場のF君です。では，パネラーの人から意見を聞きます。まず，Sさんよろしくお願いします。
（パネラーS）私たちの立場は強調です。それでは，私たちが調べてきた資料を見てください。「ビックリした」は，平仮名で書くより片仮名で書いた方がすごい<u>感情が出ている</u>と思います。次に，「イタイじゃろ」は，<u>イタイをメインに，よくひきつけている</u>からだと思います。「阪神サヨナラ」を<u>平仮名で書くと，雰囲気も出ないし</u>，強調していないとさっぱり分かりません。（略）

パネラーの同士の意見交換の場面　発言内容〈途中抜粋〉	
5	（司会①）　F君（パネラーF）お願いします。
6	（パネラーF）T君に質問です。片仮名で書くのに意味があるとありますが，どういう意味があるのですか。もう少し説明してください。 
7	（パネラーT）　片仮名の言葉でしか表せないものがあります。特に，「ナガサキ・ヒロシマ」は，世界の人に原爆が落とされた土地であるということを<u>知らせたいために片仮名で書いてあり，一つの言葉になっている</u>と思います。
8	（パネラーF）　片仮名で書くことによって，それが，意味をもつということですね。（中略）
9	（パネラーM）ぼくは，メインの言葉を目立たせているからと思っていました。でも，オキナワ・ナガサキ・ヒロシマは<u>片仮名で書くことが，それ以上の意味をもっている</u>と思います。

フロアとの意見交換の場面　発言内容〈途中抜粋〉	
10	（司会②）　フロアからの質問や意見をお願いします。
11	（フロア1）「ナガサキ，ヒロシマ，オキナワ」に意味があるということですが，戦争が起こった地域で，犠牲者がたくさん出た場所で，そして，もう二度と起こしたくないという<u>願いが片仮名に込められている</u>と思います。
12	（司会②）片仮名で書くのに意味がある言葉があるということですね。
13	（フロア②）感情や考えが，<u>片仮名の言葉でしか表せないものもある</u>と思います。片仮名の言葉には，<u>感情を表しやすい</u>と思います。（中略）
14	（フロア⑤）片仮名を使うことで<u>伝えたい思いや考えが伝わってくる</u>と思います。
15	（フロア⑥）片仮名ばかりは分かりにくいけれど，<u>使い方をよく考えて</u>，上手に使うといいと思います。

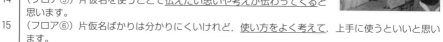

〈児童のふり返りより〉

- この話し合いで、片仮名のいろいろな使い方を考えることができました。片仮名を使うには、その<u>役割や効果を考えて使うことが大切だ</u>ということがよく分かりました。
- 片仮名の使い方を考えて、おもしろいなあと思いました。<u>言葉には，その人の伝えたい気持ちがこめられている</u>ことが分かりました。
- 片仮名が，<u>漢字のように読みやすくなるもの</u>もあることが分かりました。特に，広告など，短い時間ではっきりと伝えたいものに使われていることに気付きました。
- 漢字で書くと読むのにむずかしい言葉も，片仮名だとすぐに分かるので，<u>片仮名は伝わりやすい</u>なあと思いました。
- 片仮名で書いた方が，感じが出るものもあると分かりました。その場の雰囲気にぴったりのものを表

すのに，片仮名は便利だなあと思いました。
・片仮名を使いすぎるのはよくないけれど，その場面や伝え方を考えて使うことは大切だなあと思いました。

指導のポイント

　個々にもっていた考えをグループや全体の交流（パネルディスカッション）を通して，言葉にこだわりながら意識的に考え，評価したり吟味したりすることができた。片仮名について，いろいろな角度から考えることで，片仮名は単なる表記ではなく，人の思いや考えが片仮名言葉として表現されていることに気が付いている。また，日本語独特の漢字，平仮名，片仮名などの表記の仕方の違いや特性，工夫にも目をやることができた。片仮名言葉だけでなく，様々な言葉についての児童の関心を高め，いろいろな角度から言葉について考えさせるよい機会の一つになった。

5　評価の実際

　片仮名言葉についての気付きやパネルディスカッションのふり返りの記述から，片仮名言葉の特性やその表現に込められた思いへの言及を評価した。
　言葉の働きや使い方を身に付けることができるためにも，この話し合いの後に，もう一度児童が集めた片仮名言葉の表を立場ごとに分類したり，それ以外の立場もさらに考えることができる。あるいは，表を分類するための話し合いをする授業展開も考えられた。言語感覚を養うために，
・言葉への関心を高めることができる。
・言葉の働きや・使い方を身に付けることができる。
・言葉にこだわりながら意識的に考え，評価・吟味することができる。
を目標に考察してきた。言語感覚を養うためには，国語科の学習と日常の言語生活とがかけ離れていない単元を意識的に取り組むことも大切であると改めて分かった。

（岡島　眞寿美）

3 単元名：辞書ゲームで遊びながら語感を磨き語彙を豊かに
　　教材名：「たほいや」（自主教材）

辞書ゲーム「たほいや」で遊ぶ

1 単元設定の理由

　「たほいや」ではまず，親プレーヤーが国語辞典に載っている見出し語の中で，意味が想像しにくい語句をお題として提示する。子プレーヤーは，いかにもそのお題の語釈として辞書に載っていそうな語釈を偽解答として作文する。そして，親プレーヤーは自分が書いた本物の語釈と偽解答を混ぜて読み上げ，子プレーヤーはどれが親の書いた本物の語釈かを予想する。生徒たちは，親プレーヤーとしてお題とする語句を辞書から探していくとき，また，他のプレーヤーが書いた解答のどれが本物かを吟味するときに，ことばとじっくりと向き合う機会が生まれる。自分自身のもっている語彙と照らし合わせて，類似することばを探っていったり，出されたお題が和語なのか外来語なのか漢字であればどのような漢字をあてるのか想像したり，語感を発揮しながら総合的・統合的に思考を深めて推測していく経験は，生徒たちの感性的思考を刺激する。自分自身だけでなく，他のプレーヤーがどのような思考過程を経ていったのか，同時に楽しむことができるのも，辞書ゲーム「たほいや」の教材的価値であると考えた。

　本単元では，「たほいや」を「その1」「その2」「その3」と三つの形態に分けて行った。「その1」は，4〜5人の小グループで行う，最もスタンダードな形態である。「その2」は教師が正答と誤答を混ぜて読み上げ，生徒全員が解答者となって予想する形態である。本単元では，前時のふり返りとして位置付けた。「その3」は一つのグループが代表として全体の前でプレーし，その他の生徒はその様子を観覧する形態である。本単元では最後の活動として行った。

2 単元の目標

（知・技） (1)ウ・エ　多様な語句にふれ，語感を磨き，語彙を豊かにすることができる。

（思・判・表）　B(1)ウ　意識的に適切な説明や具体例をまじえて辞書的な語釈の書き方で書くことができる。

（学びに向かう力）　辞書に親しみながら，言葉がもつ価値を認識するとともに，言語感覚を豊かにしようとする。

3 単元計画（全3時間）

時	主な学習活動	手立て○・評価◆
1	・「たほいや」のルールを確認する。 ・辞書の語釈の書き方の特徴を確認する。 ・お題に使いたい語句を，辞書を使って集める。 ・「たほいや」をプレーする。（その1）	○ゲーム終了後，各班の順位をポイントによって1位〜6位まで決定する。 ◆それぞれが作った解答と選んだ予想を記録用紙に記録する。
2	・前回の「たほいや」で作られた解答を2〜3グループ分紹介し，教室全体での「たほいや」を行う。（その2） ・「たほいや」をプレーする。（その1）	○前回の順位で，同じ順位ごとにグループを新たに組む。 ◆記録用紙
3	・前回の「たほいや」で作られた解答を2〜3グループ分紹介し，教室全体での「たほいや」を行う。（その2） ・代表者チームによる「たほいや」を番組観覧型（その3）で行う。 ・「たほいや」の単元全体を通じて①「最も巧みだと思ったプレーヤーとその理由」，②「お題選び，偽解答作りのコツ」，③「正答を見抜くコツ」について書く。	○前回の順位で，同じ順位ごとにグループを新たに組む。 ◆単元のふり返り

4 指導の実際

(1) 「たほいや」（その１，その２）を通じて語感を磨く（第２時）

　「たほいや」のルールを説明し，ゲームの概要を知ることから学習をはじめた。その際，「たほいや」が実際にプレーされている動画を映像資料として提示した。映像資料で出されたお題は「ぼくり」だった。正しく意味を知っている生徒は誰もいなかった。ことばの意味を予想させたところ，「栗の一種」，「ぼったくりを方言で言ったもの」「自分のことを表す言い方」など，様々な予想が立てられた。「ぼくり」と音の響きが似ている言葉を類推したり，「ぼくり」を複合語と見なし，どう区切れるかを推測したりしている生徒の様子が見られた。正解は「木履（ぼくり）」であり，語注は「木で作ったはき物」である。また，プレーをしながら，自分が正しい語意に迫ろうとするのと同時に，他のプレーヤーを自分が作った誤解答に誘導するにはどうしたらよいか，他のプレーヤーがどのようなポイントで引っかけようとしてくるのか，同時進行で考えていく必要があることを確認した。

　「たほいや」の回数を重ねるうちに，生徒に変化が見られるようになっていった。まず，親プレーヤーとしては外来語か和語か漢語か音だけでは判断に迷いそうなものを選ぶようにしていたり，他のプレーヤーが作ってくるであろう偽解答を予想したうえで出題したりする姿が見られるようになった。これは他者の視点を内含して語句の選出ができるようになった姿と言える。子プレーヤーとしては，漢字に変換して考えたり，類語を探したりしながら言葉の意味を推理していく姿が見られた。偽解答を作文する際には，辞書の語釈のような言い回しになるように気を配りつつ，具体的な情報を必要に応じて入れ込むなどの工夫が見られた。

指導のポイント

　単なる当てずっぽうで予想を立てるのではなく，根拠を伴う予想ができるように意識させる。はじめは消去法で解答をしぼっていくしかできない

140

生徒も，次第に類推をはたらかせて解答を予想したり，解答の矛盾点やことばの選び方に注意が向けられるようになったりしていく。また，プレー中はできるだけ，思いついたことや感じたことを口に出して発言するとよいことを全体で共通認識にしておく。発見や気付きの共有につながり，新たな気付きを生む触媒となるからである。

⑵ たほいや（その３）でことばを磨き合う（第３時）

　１グループを選出し，番組観覧型（その３）の「たほいや」を行った。それ以外の生徒は，観覧者としての立場で代表グループのやりとりを観ながら，自分たちも予想を立てていった。直接ゲームにかかわらず，親プレーヤーの出方も子プレーヤーの出方も観察することが出来る面白さを感じている生徒が多く見られた。以下，発言記録である。親は親プレーヤー，子は子プレーヤー，Ｓは観覧の生徒の発言を示す

親	：今回のお題は <u>「でるぼう」</u> です。
子３	：でるぼう？でるぼー？　　　【解答記入→回収】
親	：読んでいいですか。はい，読みます。「でるぼう」。１番。<u>イタリアの詩人。貴族のエステ家の家臣。</u>
子２	：エステ家って何？
親	：「でるぼう」。雨の日に使う家の屋根を支える棒のこと。
Ｓ１	：そんな物あるの？
親	：「でるぼう」。<u>ニュージーランドの郷土料理。</u>豆腐を細かくして煮込んだお粥のような物。
Ｓ２	：ニュージーランドに豆腐あんの？
親	：「でるぼう」。<u>天体の運行によって，暦を作る方法。</u>
子１	：えっ。えっ。
親	：「でるぼう」。<u>ベルギーの画家。</u>
子２	：何となく<u>響きがヨーロッパの人名っぽい。</u>
親	：「でるぼう」。<u>石炭，石油などから作り出した人造材料。</u>
Ｓ４	：こわっ。人造材料って。
Ｓ５	：<u>意外とさあ，辞書って説明詳しく載せてないよね。</u>
子１	：でも人造材料って，<u>ベンゼンみたいだ</u>し，確かに石油から作る材料っぽいかもね。

（3） 生徒の学習感想，記述から読み取る論理的思考と感性的思考（第3時）

　単元のまとめとして，「たほいや」の感想以外にも，活動をふり返る項目を設定して，学習感想を書かせた。「たほいや」を通じて，ことばを使ううえでの気付きや深まりがどのように生まれたかを自覚させるためである。以下，生徒の主な記述を抜粋する。

①　最も巧みだと思ったプレーヤーとその理由

・「ロザ」というお題で，片仮名で想像しがちだけど，本当は「露座」で「道ばたに座ること」という意味だったのですごく上手なお題だと思った。

・偽解答で使う言葉が本当に辞書に載っていそうだった。（平安時代中期に〜など。）

・辞書特有の書き方をしていて，国や特徴などを詳しく書いてあった。

・偽解答として用例まで書いていたのでだまされた。

②　お題選び，偽解答作りのコツ

・「たほいや」では引っかけが多いという先入観を逆手にとる。例えば「悪魔に試みられた誘惑の山」をお題にした場合，他のプレーヤーは本や映画のタイトルという解答を作ってくることが予想されるので，「山」は正解だと思われない。

・音だけで片仮名か平仮名か分かると偽解答が作りやすくなってしまうため，どちらか分からないようなお題にするといろいろな解答が出てきて面白くなる。

③　正答を見抜くコツ

・予想するときは，まずお題の単語を2つか3つに区切ってそこから連想する。

・解答が正しい言葉づかいをしているか見極めること。

・漢字を予想する。漢字から意味が分かることもある。外来語の場合も何となく日本語に直す。

・プレーヤーの性格も考えながらやると分かるような気がしてくる。同じ相手とずっとやると，その人がこう書くとか分かってきた。

・偽解答を作る人達の顔を見て，書きそうなものを考える。「地名」「時代」「植物・動物」などは，偽解答の場合が多い。「古代ギリシャ神」，「シダ植物」も多用されていた。

・当て方ではないけど消去法のコツなら。「終わり方」と「語句の使い方」に着目する。案外語句を誤用している人が多いし，「〜の言葉。」などはあまり辞書では使われない文末表現。

・言葉遣いや語順。それを聞いたときに「あぁー」と納得できるようなもの。

生徒の感想として，「たほいや」を始めた頃は，「他のプレーヤーをだませてよかった」「本物の解答を見抜けた」というものが多く見られた。しかし，次第に「○○○という風にすると引っかけられる」や，こういう書き方は偽解答のことが多い，というように戦術的な気付きを書いてくるようになっていった。また，辞書の文体にも慣れていき，語釈に載せられる情報の傾向にも自然と気付いていくことになった。また，言葉の選び方によって他プレーヤーにどのような心証や影響を与えるか想像しながら言葉を吟味していく姿も感想から見てとることができた。

5 評価の実際

生徒は辞書ゲーム「たほいや」の中で，感性的思考と論理的思考をはたらかせながら言語感覚を磨いていった。本単元では，辞書ゲーム「たほいや」を少人数グループ型（その１），教室全体型（その２），番組観覧型（その３）の三様態に分けて実施した。実践者としては，授業の中に活動として導入しやすいのは教室全体型（その２）だと考えている。ただし，それだけでは学習者の意識が「正解」か「不正解」かのみに向かってしまうおそれがある。生徒たちには偽解答を楽しめるようになっていってもらいたいと考えている。そうすることで他のプレーヤーとのことばを媒介にしたコミュニケーションは一層深まり，言語感覚やことばと向き合う態度を育むことにつながるからである。その意味で，本単元では，「たほいやその１〜３」と様々な立場で「たほいや」に参加する経験を積ませることができた。

ゲーム要素を交えながらことばと向き合う経験は，単なる知識の蓄積ではなく，自身のもっている語彙や言語感覚を自覚する契機となっていくであろう。また，日頃は目にしない語彙に多くふれ，その意味を推理する経験を積んだことで，ことばの意味や起源にまで意識する様子が生徒たちの中に見られるようになったことも成果として挙げられる。

（荻野　聡）

4 教材名：「従来を"破壊"する心意気」「一歩ずつ，一緒に，二人三脚」（新聞記事・雑誌）

週末課題にわくわくするか

1 単元設定の理由

(1) 切り口は「文学的表現」

　ことばによる表現には直接的・説明的・実用的という機能がある。一方，日本らしい趣，様式美を含む芸術的・含意的・趣味的という機能ももつ。機能によって弁別できそうな前後を「説明的表現」「文学的表現」と呼ぶこととする。文学的文章とは次元を異にして，ゲームやアニメ等のメディアを出所にした文学的表現は，生徒の感性的思考に響いていることを実感する。（使い方の適否・美醜に首をかしげることもあるが。）

　そこで先の二つの機能を，日頃の学習指導に援用することを構想した。直接的で説明的な論理的文章にあらわれた文学的表現に注目させ，生徒自身に答を出させる参加型の言語活動を実現させたい。格好よさや深み等，生徒の感性的思考に響く魅力が文章中で適切に働いているかを判断・批評させるのである。論理的思考と感性的思考が互いに刺激し合う楽しさに浸らせ，そこから，ことばのもつ二つの機能に気付かせたい。

(2) 三要素の決定

　感性的思考と論理的思考，両者について具体的に実感させる学習に必要なことが三つある。一つ目は，教材の選定条件。二つ目に判断・批評のための具体的な指標。そして三つ目に言語活動の具体化である。

　教材については，新聞や雑誌の記事を主に選ぶこととした。手早く読める論理的文章ながら，筆者の見方・とらえ方や世論を表現するのに文学的なレトリックがよく見られるからである。また，育むべき資質・能力として「情報の扱い方」を加味することもできる。次に，判断・批評のための指標とし

て，試行的な学習指導の成果から「わくわくするか」と「ふさわしいか」の両者を置くこととした。言語活動の具体像としては，週末課題に取り組ませることとする。新聞や雑誌の記事を教材とすることで，短いスパンの反復が可能となるからである。これを，読む・書く連動の帯単元として仕上げ，直感・感受能力[注1]を磨く行動的態度能力[注2]という図式を実現させたい。

2 単元の目標

(知・技) (2)ア　見識を広げるための情報を基に，本来の説明的な意味とレトリック（文学的な意匠）との関係，自らの意見と根拠との関係を考えることができる。

(思・判・表) C(1)ウ　文章中の語句の使い方について，感性的思考・論理的思考をはたらかせ判断しながら読むことができる。

(学びに向かう力) 教材の内容から見識を広げるとともに，ことばのもつ二つの機能と効果について積極的に判断しながら読もうとしている。

3 単元計画（週１回家庭学習として）

段階	主な学習活動	手立て○・評価◆
展開	…（ここまで，週末授業の展開部）	
終末	・週末課題シートを受け取る。課題（指導者が選び取ったタイトル，見出し，一文や部分など意匠を施した表現のみ）を読み，直感などによりシート右側の「わくわくするか」欄を書く。	○基本的に，個の作業とする。8分をあてる。
	・全文が載ったプリントを読み，課題の表現が全文に「ふさわしいか」を判断する。シート左側の欄に批評と論証を書いてくる。	○家庭学習で行う。◆回収したシートに色ペンの線引きを施す。

4　指導の実際

(1)　教材１…比喩表現 "破壊"（課題「従来を "破壊" する心意気」）

　一つ目の教材は、『Sports Graphic Number』（文藝春秋）974号，p.101記事の見出し。右の欄は，教材中の「破壊」と「従来」の関係，「心意気」について自らの感性的思考にどう響いたかを，よく味わいながら書けている。しかし左の「ふさわしいか」欄は，どうして破壊という比喩が使われたのか，その背景まで読み込んでの判断と論証には至っていない。

３年　４組　女子		

ふさわしいか　　No. 3-1　4月10日　　**わくわくするか** ★★☆

【ふさわしいか欄】

◎記事等を読み、本文中にあることがふさわしいと考える。根拠と理由を書こう。「この表現できているね」

◎こちらの方がふさわしく、しかもわくわくするという。代案・改案はないか。

字は濃く大きめに

での練習スタイルを破壊できたのだろう。彼女の思いを素直に表現

スケートが好きだからこそこれま

に感じ取ることができた。自分が

記事を読んでいくと、リプニツカ

やのスケートに対する思いをすぐ

あるという事に驚いた。そこから

まず、スケートについて書いて

【わくわくするか欄】

従来を破壊する心意気

（◯）元々文章中にある表現を一部改変

（　）使われていた表現を一部改変→タイトル

（　）出題者が新たに作成

もつかないからだ。だが心意気と

の従来が何なのか私には全く想像

これまでの何かを〝変える〟ので

はなく〝破壊〟という言葉からそ

より、ドキドキする。なぜなら、

この一文はわくわくするという

いう言葉からものすごく大きな

◆記事などの本文を読む前に直感で感じたことを、「わくわく」に代わる言葉で表現しても良い

字は濃く大きめに

指導のポイント

　「わくわくするか」は，後で知る全文の内容を予想するのが目的ではないと伝えている。教材とした表現に対して，自分の体（経験）をふり返り結び付くようなことを書いてみることも一手であると指導している。

(2) **教材2…数字表現「一,二,三」(課題「一歩ずつ,一緒に,二人三脚」)**

　二つ目の教材は,佐賀新聞2019年9月13日朝刊5面；時言「パラリンピック」より。本文の所々にあらわれる数字表現を抜粋,教材として作成した。ただし,生徒が自力では気付きにくいレトリックである。

> ### 指導のポイント
> 　そのような場合は「ふさわしいか」を書かせるにあたり補助発問を行っている。この回は「筆者が意図的に,これらの数字表現を使っているとしたら,それはこの記事に『ふさわしい』のか」と問うた。

4組 女子
No.12　10月2日

ふさわしいか

◎記事を読み「本文中にあることがふさわしい」と考える。根拠と理由を書こう。

気に十歩ではなく、"一歩ずつ"はまさに二人を表している。ふさわしい。

◎こちらの方がふさわしく、しかもわくわくするという、代案・改案はないか。

助けが必要な身であるからこそ、お互いに用いているのだと思う。

時がターニングポイントであること、そして高校一年生の私は、谷口さんがマラソン選手であるこから一という数字表現を要所に

〔一歩ずつ〕
〔一緒に〕
二人三脚

★出題者が新たに作成

(○)
元々文章中にある表現〈タイトル〉
使われていた表現を一部改変

わくわくするか

◇◆記事などの本文を読む前に直感で感じたことを。
◆わくわくに代わる言葉で直感を表現しても良い。

「一歩ずつ」という言葉には、ペースで歩んでいこうという気持ちが込められている。

二人で離れることなく自分たちのちがう、この中の"二人"は夫婦なのではないかと考える。とてもわくわくする。

マラソン選手はリレーや駅伝と違い,確かに一人で戦う。教材の表現と全文との関係をよく読み込み,数字表現が「ふさわしいか」述べることができるようになった。それに先立つ「わくわくするか」には,教材の部分⇔全体による感性的思考・イメージ化がある。その経過が評価できるのであり,全

文で明らかになる「夫婦」を的中させたことを評価してはいない。

(3) 成果はＩＣＴに乗せて

　この週末課題シートは返却の際に，各生徒に貸与されているタブレットＰＣを使い撮影，掲示板機能のあるアプリに保存させている。回を重ねての変容と成果を友人と互いに閲覧し，参考にさせるためである。

(4) 話してみないと

　ただ，週末課題のままでは対話的学習が充実しない。そこで，これを教科書教材を使った授業に繋ぐ単元「わくわくするか拡大版」を適宜，設定した。友人や指導者との対話を設定した単元である。

　この週末課題が，適切で美しい「文学的表現」を探る生徒を育むデバイス（装置）となるよう，さらなる課題と改善点を探りたい。

ア　教材名「エルサルバドルの少女　ヘスース」（光村図書　国語３）

イ　本時の目標（３／３時）

　　文章中の語句の効果的な使い方について，感性的思考・論理的思考をはたらかせながら読んでいる。

ウ　「わくわくするか・ふさわしいか」の教材とした表現

　　戦場の中を生きた子どもたち

エ　対話的学習の設定

　　①　導入で「わくわくするか」を書いた後，本文を知る前

　　②　展開終盤で「ふさわしい」の下書きをし，個人発表をした後

オ　②での発言の概要と考察

　　「戦場の中を生きた…」とあるが「た」という過去形でよいのか，現在も生きているではないか。では「生き抜く」ではどうか，それでは犠牲にならなかったという意味が強すぎてよくない。少女たちのこれまでと，これからの様々なことを想像させるから「生きた」はふさわしいのではないのか。いや，それでも言い切れていないと感じる。他によい表現はないのか。

　　「生きた」という表現に対する見方・考え方が，感性的思考並びに論理

的思考に大いに響く学習になったととらえている。

5　評価の実際

　規準を生徒と共有できるよう，週末課題シートへの線引で評価している。

　自分の考えを筋道立てて表現するために有効な述べ方があるところには，色ペンを使い，緑の直線を引いて返却する。

　具体的には「私は，この表現をふさわしいと思う。なぜなら…からだ。」という初歩的・基本的な述べ方も，できるようになっていれば線を引く。

　また，提示された中のある言葉について，感性的にどう響くか，また全文との関係から論理的に適否を判断するなど深く思索したことが分かるように述べているところは，紫の波線を引いて返却する。

> ### 指導のポイント
>
> 　生徒には，緑の線は「餃子や饅頭でいえば美味しい皮を手に入れた証」，紫の線は「美味しい餡を仕上げた証」と例えて指導している。「深い思索」は「ある言葉を，舌の上でよく転がして味わっていること」と伝えている。さらに，その伝達が抽象的で曖昧なものにならぬようタブレット保存の具体的な画像を使い，規準の理解及び発展が共有できるように努めている。
>
> 　規準の発展とは，ことばに立ち止まらせ感性的思考・論理的思考を働かせる場に誘うのは指導者であるが，表現と思考とをどのように駆使するかは生徒の主体性に移っていくことを含んでいるからである。

（宮嵜　信仁）

（注1・2）　益地憲一（2002）『国語科指導と評価の探究』渓水社，pp.47-52

5 単元名：言葉から想像して考えよう
教材名：「挨拶―原爆の写真によせて」（光村図書）

語彙的な発想を用いた詩の学習

1 単元設定の理由

　本教材の詩は，ヒロシマの原爆で焼けただれた顔を現在の顔と重ねたときの慄然たる恐怖をもとに我々に戦争への警鐘を鳴らしている。知識として観念的にのみ原爆を知っている生徒が，画像なしで叙述だけを頼りにその惨禍や作者の思いを想像するのは容易ではなく，心や身体を通した感性でしなやかに考える「感性的思考」と，論理を用いながら知性で粘り強く考える「論理的思考」の両方が求められる。

　そこで本単元では，語句・表現の対義・類義等，語句とその周囲に位置付く語句の関係性を手がかりにしながらニュアンスの違いを感受させ，受ける印象や，他でもないその表現した作者の意図などを問う。このように，「語のまとまり」として語彙をとらえる「語彙的な発想」を用いることで，生徒の感性的思考と論理的思考を促し，この詩の内容を豊かに想像させ，深い読解に導くことができる。

2 単元の目標

知・技 (1)イ　語句・表記とそれが表す意味・印象との関係についてとらえることができる。

思・判・表 C(1)ア　語句・表現のニュアンスや対比構造を踏まえながら，主題や展開の仕方を読み取ることができる。

学びに向かう力 自分の感性の存在やその働き，内容に対する認識の深化に気付こうとする。

3 　単元計画（全6時間）

時	主な学習活動	手立て○・評価◆
1	初発の印象を書き留め，語り合う。	◆全体的・直観的な印象をノートに書き留めている。
2	全文視写し叙述から考えた内容や表現から受けた印象などを書き込む。	○叙述と叙述に，類似や対義，因果関係を見出させる。 ◆叙述を尊び，印象や疑問などを書き込んでいる。
3 4	書き込みで生じた疑問について議論し，解釈を交流する。	◆叙述を基に交流し，原爆の恐怖を読み取っている。
5	最重要語句を話し合ったうえで，詩の内容を構造化し，作者の思いを読み取る。	◆対比構造を踏まえた解釈が表現されている。
6	初発の印象を自己分析したり，題名「挨拶」の解釈を交流したりする。	○第1時の記述をふり返る。 ◆自身の読みの変容に気付いて書いている。

4 　指導の実際

(1)　五感を刺激する発問によって感性的思考を促す（第3時）

　この詩では，焼けただれた顔とすこやかな顔との対照性を読み取らせたい。ところが生徒は，「焼けただれ」を具体的に想像できていなかった。（S③／S④）そこで，焼けただれをオノマトペで表現するように促した（T5）。この後，「どろどろ」（S⑤）という感性的な語句を核として，色（T6）や形状（T6）などの観点からも想像を促し，そのむごたらしさを読み取らせていった。

　またここでは，この詩の内容にかかわる語句群（次頁参照）を提示することで，さらに想像を触発したり想像した内容に対する感受を表現させたりした。

T１：「あ，」って何だろう。声に出してみよう。
S①：写真を見て驚きの「あ」だと思う。
T２：どんな写真ですか？
S②：焼けただれた人の顔。
T３：ん？（写真を見せようとしてやめる）想像してください。どんな顔？　焼けただれたって，簡単に言うけど。どんな顔か言葉を使って説明して。
S③：やけどして，やけどは治ったけど，皮膚が強烈にひどく変形した感じ。
T４：治るの？　みんなは「焼けただれた」をどんな言葉で表す？
S④：焼け落ちる。破れる。
T５：オノマトペで言ったら？
S⑤：どろどろ。溶けるみたいな。
T６：色は？　想像して。
S⑥：黒い。いや，赤黒い。
T７：どうなるんだろうね。皮膚が？　溶けてどうなるんだろうね。
S⑦：（両頬を手でこすり下ろすような仕草をする）落ちるような感じで。
S⑧：形をとどめていない。
T８：顔の形をとどめていないのね。顔の形をとどめていないってどういうこと？
T９：目は？　目の粘膜は？　どうなるの？
T10：そういう顔を見たらどう？　「惨」に関する語句群シートもヒントに感じたことを言葉にしてごらん。
S⑨：（それぞれにつぶやく）
S⑩：もとは人の顔だけど，原形をとどめていないようなありさま。
T11：言葉にするのも恐ろしい言葉だね。もとは人の顔…。ひどいじゃなくて怖いくらい，かあ。
S⑪：この世にないものってあるんですけど，人間だけど人ではないみたいな。ちゃんと見られない。
T12：目を覆って，目を背けたくなるような。私だったら見られないなって。……（略）……

《この詩の内容にかかわる「惨」「怖」「安」を表す語句群シート》（生徒に提示）

怖

不気味　色を失う　背筋が凍る　慄然　ぞっと　身の毛がよだつ　怯（おび）える　おののく　身震い　身がすくむ　わななく　立ちすくむ　ぶるぶる　がたがた　びくびく　おどおど　ひやひや　薄氷を踏む　寒心　危惧　危ぶむ　案じる　胸がふさがる　胸がつぶれる　思い煩う　胸騒ぎ　不安　憂い

安

清々しい　さわやか　晴れ晴れ　和む　朗らか　落ち着く　安心　安息感　平静　平穏　平気　平然　悠長　のびのび　気楽　気が緩む　暢気（のんき）　心安らか

惨

見るに忍びない　目を背ける　目を覆う　無惨　悲惨　痛ましい　いたわしい　むごい

指導のポイント

頭で分かったつもりになりがちな中学生に，言葉を感性でとらえさせる

には，色や形状など五感の観点を与えるとよい。この際，感性とつながりやすいオノマトペや，使い慣れた語句を使うことは，具体的な想像を促し，それを他者と共有する上で効果的である。よって，むやみに多くの語句を提示しても，感性には響きにくい。ただし，使いこなせないが知ってはいるレベルの語彙が想像を広げることがあるので，内容と生徒の実態に合わせた語彙を選んで提示したい。

(2) 音読を通して，耳で「語感」を味わわせながら感性的思考を促す（第3時）

　まず，一行だけの第2連を目だけでなく，何度も音にして読ませることで，人をもの扱いすることへの違和感をもたせた（T2・T3）。その上で，似て非なる表現（「すでに」と「もう」など）の比較音読（T5）によって，被爆した人々を突き放すような冷たい表現の背景にある作者の意図を推測させていった。

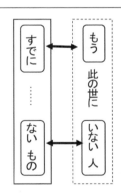

T1：2連目のところに，疑問をもってる人，いたね。
S①：この一行だけで一連を構成しているのは何か伝えたいことがあったからだと思う。それで，この世にないものだけれど，「とはいえ」って言っていて，だけどみんなで考えていかなきゃいけないっていう作者の思いが込められているのかなと。
T2：セットで考えないといけないね。音読してごらん。
S②：(第二連を2回音読)
T3：この中の表現で気になるところありませんか。
S③：「もの」。
S④：人なのに人を「もの」扱いしている。
S⑤：「もの」っていうと，冷たい感じがして，そのとき「焼けただれ」が「焼けただれたではなく」名詞。ここも人ではなく「もの」という感じがして，恐ろしく感じる。
T4：「ひとつ」も「ひとり」ではないね。どうしてこんな書き方したんだろう。
S⑥：(「すでに此の世にないもの」を再度音読)
T5：「もう此の世にいない人」と「すでに此の世にないもの」。どうですか，比較して。感じたこと話して。(ペアで交流)
S⑦：「もう此の世にいない人」だったら，「もう」っていう言葉自体柔らかいイメージがあるから「すでに」って言った方が強いイメージが出せて，「すでに此の世にないもの」は一文で連を成り立たせているから一文で成り立たせるため，一言一言がぐさっとくるような強い言葉を使わないと成り立たないし，作者が強調したいこともでないから，冷たい印象を与える言葉をいっぱいまとめて使っているのだと思う。
S⑧：「すでに此の世にないもの」って言うとそこに違和感があって，すごく印象が強くなる。そこにひっかかるっていうか，そこに焦点を当てようという感じ。…（略）…

(3) 「語彙マップ」を用いて，詩の主題と構造を読み解く（第５時）

第５時前半の話合いの結果，この詩の最重要語句は「油断」だということになり，各自が「語彙マップ」を作成した。N生は，「油断」の下に「油断」している者をすべて並べ，油断の反映として「やすらか」「すがすがしい」等を「＝」でつないでいる。また，ヒロシマの「死」「明日」「二十五万」「モノ」と，現在の「生」「今日」「二十五万」「人」を対比的に配置している。

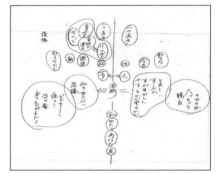

(4) 初読段階の直観的な読みを省察させる（第６時）

第１時には，叙述を目で追いながら教師の範読を聴くという形でこの詩に出会った。その直後，全体的な印象をそのまま書き留め，それを，各々が単元の終末に読み返し，自身の読みの変容への気付きを記述した。次は，M生とJ生の気付きである。

> 僕は初め，この詩を読んで何か違和感があった。原爆とか焼けただれという言葉と美しいとかやすらかという言葉が，合わないから変な感じがしたのだ。でもいまは，そのイメージの全く違う言葉が両極にあるのに，油断しているうちに一瞬で変わってしまうかもしれないから怖いし，だから訴える力があるのだとその違和感の意味が分かりました。
> (M生)

> 最初は，「美しい」という言葉が多く感じ，「美しい」ということに対する気持ちが書かれているのかと思ったけれど，今は「焼けただれ」と対比になっていることに気付き，怖さを実感しています。また，最初は冷静に淡々と語っているように思ったけれど，実は淡々と読んではいけない詩だと思うようになりました。一見淡々と見えるけど内容は油断している私たちへの強い訴えで，二度と同じ過ちを起こさないでほしいという思いが感じられました。
> (J生)

指導のポイント

　感性や感性的思考を高めていくことは国語科の重要な責務であり，詩はそのための恰好の教材である。感性や感性的思考は，瞬時の直観によるところがあるが，だからこそ自身のそれを客観的に省察する必要がある。詩の指導の場合には，比較的かける時数が少ないため，省察もしやすく，中学校段階では十分可能であると考えられる。単元の終末には，何を学んだかに加え，自分の感性・感性的思考がどう働いたかを問いかけ方を工夫して，省察させるようにしたい。自分の感性の存在に気付き，その働き方を自覚することは，言葉に対する，あるいは言葉を通した感性や感性的思考を自ら鍛えていくことにつながるのではないか。

5　評価の実際

　初読時は直観的な読みであり，第1時の評価では大きな個人差が見られた。中には先に示したJ生のように，当初は作中の言葉を表面的にとらえるのみで，この詩に流れる「恐怖」を感じ取ることのできないケースも見られた。しかし，第4時までに他者と交流しながら叙述に基づいて感性的かつ論理的に思考するプロセスを経て，この詩の内容の「恐怖」を感じ取るに至っている。

　感性や感性的思考は感じ方なのだからと，何でもよしと評価するわけではない。評価は指導でもある。一定には達成すべき感じ方というものがあり，その上に個性的で多様な感じ方を認め，伸ばしていく必要があると考えている。

(萩中　奈穂美)

コラム Column　日常の指導の積み重ね

　秋のある日の職朝でのことでした。突然，Ａ先生が手を挙げて言いました。「皆さん，高校１年Ｘ組（内部進学・普通クラス）の今の状態をご存じですか。全くひどいですよ。話を聞かない。宿題をしてこない。学習意欲が感じられない。危機的状況です。」その顔は，苦悩で少し歪んで見えました。

　その日から，管理職と担任や教科担当者数名が，Ａ先生の授業だけでなく，そのクラスの他の授業参観（監視？）が始まりました。そうして多くの先生が「やっぱり」とか，「そうなる事は予想されたことだ」とか，「今日は寝てる生徒がいなかったな」とか，言っておられました。

　数日後，私はそのクラスの一人の男子生徒から，話を聞く機会を得ました。「（宇都宮）先生，実はこうなんです。僕たちは確かに，中学生の頃は授業を聞いていませんでした。でもですね，高校生になったから，僕たちも少しは頑張ろうとしたんですよ。実際，英語や世界史は，ちゃんと聞いてますし，点数も取れたんです。でも，Ａ先生の教科はそういかんかった（ならなかった）んです。最初の中間テストのクラス平均が60点台ですよ。どう思いますか？　そのときから，僕たちはやる気が出なくなったんです。Ａ先生の授業，全然分からないんです。でも，怒られるのは，僕たちばっかりで…。」

　勿論，この男子生徒の言い分だけが正しいとはいえません。Ａ先生の指摘も当たっていないともいいません。しかし致命的なのは，Ａ先生が自分の責任を殆ど感じてもいないし，授業スタイルを変えようともしない，ということなのです。皆さん，このことに，心当たりはありませんか。

　授業は「生徒と共に創るもの」です。教育実習生のとき，指導教官に「自分がうまく行ったと思った授業ほど，よくない授業はない」と言われました。私たちは，反省と懐疑の心を常にもって，毎日の授業を創造していきたいものです。自戒を込めて。

（宇都宮　紀雄）

あとがき

　数学者の藤原正彦氏の著書『国家の品格』（新潮新書，2005年）を読み返した。論理と合理性の領域である数学でさえ，それらと対極にあるともいえる感情にかかわる「情緒」が最も肝要であると力説している本である。AならばBである。BならばCである。…という命題の論理が完璧に正しく進んでも，最初の「Aならば」の部分が間違っていれば結論も自ずと誤る。「Aならば」のAに何を置くかには情緒が大きくかかわり，論理以前のその人の総合力が出発点Aを選ばせているのだと。もちろん論理は重要である。しかし論理だけでは決定的に危ういのだと。さらに，人間にとって最も重要なことの多くが論理的には説明できないという。

　この「情緒」を「感性」と言い換えてもよいのではないかと思うのである。数学者が言っているから説得力があるということもあるかもしれないが，私たちが物事に触れて「これは譲れない。大事だ。」「すごくいい。理由抜きで。」と感じたり，重要な物事を決めるときに「きっとうまくいきそうだ。」と確信したりすることがある。自分の懐にぴたりとはまる，あるいはアンテナが電波をぐっとキャッチするような感覚といえるだろうか。このような感性的なとらえや思考が，その後の原動力になるし，試行錯誤があるにしても，その後の物事の推進に，地下の水路のようにつながっていくものなのかもしれない。

　私たちは，2017年の夏の研究大会から本研究を開始し，実践研究を重ねてきた。「感性的思考」とは何かから始まり「感性的思考」に注目して授業を組み立て子どもの考えを丁寧にたどることで，授業のポイントになるところや授業の深まりにつながる糸口があることに気付いてきた。

　論理的思考とともに感性的思考にも光を当て，子どもが考えることやそれを活性化させることで授業が深まるための授業づくりのあり方，見とりかたを探った。まだ充分とはいえないかもしれないが，感性的思考と論理的思考が表裏になりながら，思考が進み深まっていく様をすくい上げることができ

たように思う。そして，感性的思考をどう評価するかという難題にメスを入れ，端緒を開くことができた。ここまでたどり着いた研究の成果を，さらなる実践を通して確かなものとしつつ深めていきたいと考えている。

　読者の皆様から忌憚のないご意見ご感想をいただき，本研究の更なる進展に今後も努力して参りたいと考えている。

　国語教育実践理論研究会（通称「ＫＺＲ」）は，1961年に飛田多喜雄氏が主宰し設立された「国語教育実践理論の会」の後継の研究会である。以来，国語教育の研究者および小中高校の教員が集まり，一つの研究テーマのもと，各自の実践や研究を持ち寄り学び合っている。全国の会員が，各地区で例会に参加し，毎年夏の大会に参集して一年間の実践研究の成果を報告し合い，その成果を数年ごとに著書にまとめている。

　本書をこのような形にまとめることができたのは，明治図書出版社の皆様，とりわけ企画の相談，編集に至るまで細やかにご対応いただいた，木山麻衣子編集部長のご尽力のおかげである。深く感謝申し上げる。また，執筆にはかかわっていない本会の会員諸兄姉との学びあいや支えがあってのことであることを申し述べ，感謝の意を伝えたい。

　2020年6月

研究推進委員長
阿部藤子

【執筆者紹介】（執筆順）

益地　憲一	元　関西学院大学教授	
阿部　藤子	東京家政大学准教授	
小林　邦子	東京都立川市立第六小学校長	
植西　浩一	広島女学院大学教授	
宝代地　まり子	NPO 法人武庫が丘まちづくりビューロー副理事長	
桑原　辰夫	元　千葉県野田市立宮崎小学校長	
梅津　健志	千葉県教育庁教育振興部学習指導課義務教育指導室	
府川　孝	元　神奈川県小田原市立矢作小学校教諭	
相原　貴史	相模女子大学教授	
岡田　博元	お茶の水女子大学附属小学校教諭	
友永　達也	神戸大学附属小学校教諭	
菊地　圭子	東京学芸大学附属竹早中学校教諭	
森　顕子	東京学芸大学附属竹早中学校副校長	
佐田　壽子	元　奈良県宇陀市立榛原西小学校教諭	
薦口　浩一	兵庫県西宮市立用海小学校教諭	
渡辺　光輝	お茶の水女子大学附属中学校教諭	
矢野　薫	東京都大田区立松仙小学校教諭	
藤枝　真奈	お茶の水女子大学附属小学校教諭	
下田　聡子	東京都東村山市立秋津小学校教諭	
大井　育代	徳島県徳島市上八万中学校教頭	
澤本　和子	日本女子大学名誉教授	
村上　博之	関東学院小学校教諭	
片山　守道	お茶の水女子大学附属小学校教諭	
宗我部　義則	お茶の水女子大学附属中学校教諭	
米田　猛	富山大学名誉教授	
岡島　眞寿美	奈良県葛城市立忍海小学校教頭	
荻野　聡	東京学芸大学附属竹早中学校教諭	
宮嵜　信仁	佐賀県武雄市立武雄中学校教諭	
萩中　奈穂美	福井大学准教授	
宇都宮　紀雄	九州龍谷短期大学准教授	

【監修者紹介】

益地　憲一（ますち　けんいち）

国語教育実践理論研究会会長。元関西学院大学教育学部教授。兵庫県生まれ。お茶の水女子大学附属中学校教諭，信州大学教育学部教授を歴任。

〈著書〉

『国語科指導と評価の探究』（溪水社，2002年）

『大正期における読み方教授論の研究―友納友次郎の場合を中心に―』（溪水社，2008年）

『小学校国語科の指導』（建帛社，2009年）

『中学校・高等学校国語科指導法』（建帛社，2009年）など多数。

【編著者紹介】

国語教育実践理論研究会

（こくごきょういくじっせんりろんけんきゅうかい）

略称KZR。1961年発足の「国語教育実践理論の会」（飛田多喜雄氏が主宰）の後継研究会。子どもたちの楽しく充実した学びの実現を探求し，国語科学習指導の実践と理論の架橋を目指して研究活動をしている。近年の成果は以下の著書にまとめている。

『国語科授業の新展開54　誰にでもできる国語科教材研究法の開発』（明治図書出版，1989年）

『飛田多喜雄先生に学ぶ』（溪水社，2010年）

『新提案　教材再研究―循環し発展する教材研究　子どもの読み・子どもの学びから始めよう』（東洋館出版社，2011年）

『〈書く〉で学びを育てる―授業を変える言語活動構造図―』（東洋館出版社，2014年）

『国語教育選書　対話的に学び「きく」力が育つ国語の授業』（明治図書出版，2018年）

【事務局】 お茶の水女子大学附属中学校内　宗我部義則

国語教育選書

「感性的思考」と「論理的思考」を生かした
「ことばを磨き考え合う」授業づくり

2020年7月初版第1刷刊	監修者	益　地　憲　一
	©編著者	国語教育実践理論研究会
	発行者	藤　原　光　政
	発行所	明治図書出版株式会社

http://www.meijitosho.co.jp

（企画）木山麻衣子（校正）吉田　茜

〒114-0023　東京都北区滝野川7-46-1

振替00160-5-151318　電話03(5907)6702

ご注文窓口　電話03(5907)6668

＊検印省略　　　　組版所　株式会社木元省美堂

Printed in Japan　　　ISBN978-4-18-345828-5

もれなくクーポンがもらえる！読者アンケートはこちらから　→